This is Warhol

디스 이즈 워홀

초판 1쇄 인쇄 2014년 7월 1일
초판 1쇄 발행 2014년 7월 15일

지은이 캐서린 잉그램
일러스트레이션 앤드류 레이
옮긴이 유지연
펴낸이 김지훈
펴낸곳 도서출판 어젠다

출판등록 2012년 2월 9일 (제406-2012-000007호)
주 소 경기도 파주시 광인사길 217(파주출판도시)
전 화 (031)955-5897 | 팩스 (031)945-8460
이메일 agendabooks@naver.com

ISBN 978-89-97712-15-1 03600
이 도서의 국립중앙도서관 출판시도서목록(CIP)은 e-CIP홈페이지(http://www.nl.go.kr/ecip)와
국가자료공동목록시스템(http://www.nl.go.kr/kolisnet)에서 이용하실 수 있습니다.(CIP제어번호: CIP2014018361)

This is Warhol

디스 이즈 워홀

글 **캐서린 잉그램**Catherine Ingram
일러스트레이션 **앤드류 레이**Andrew Rae
옮김 **유지연**

AgendA

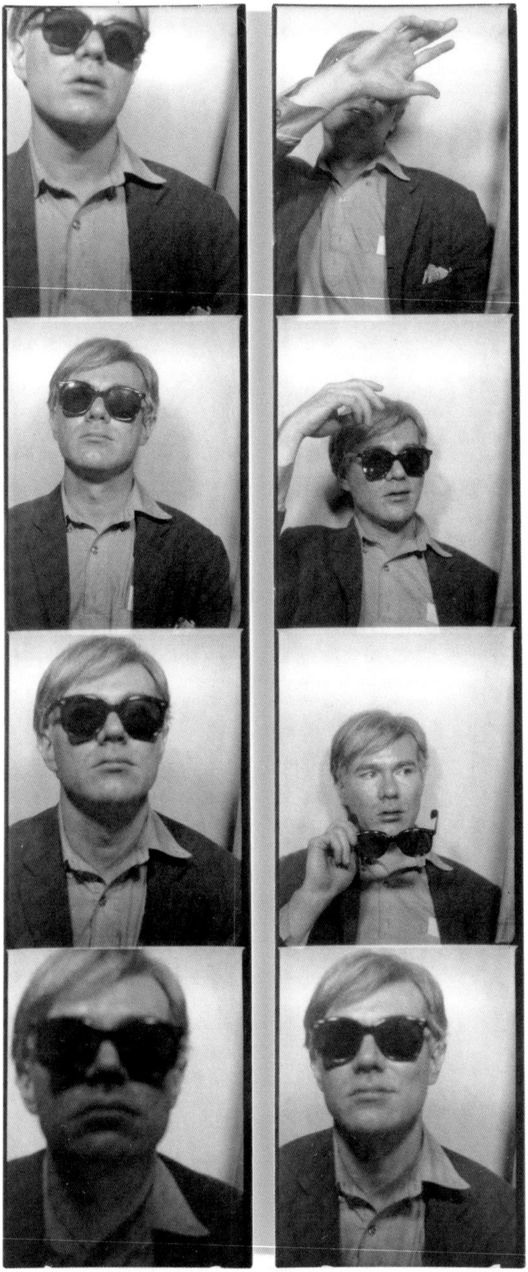

즉석 사진 촬영 부스 자화상
Photobooth Self-Portrait
앤디 워홀, 1963년 경

앤디 워홀이 폴라로이드 두 줄 속에 보인다. 선글라스를 쓰고 은발을 한 쿨해 보이는 이 젊은 친구가 뉴욕을 아주 잘 나가는 곳으로 바꿔놓은 장본인이다. 카메라가 자동으로 연속 촬영을 하는 동안 워홀은 당겨 앉았다 물러앉았다 장난을 치며 카메라를 향해 포즈를 취한다. 그는 대체로 보는 사람에게 친밀감을 허락지 않는다. 여섯 장에서는 알이 크고 까만 선글라스를 쓰고 있고, 선글라스를 벗었을 때는 얼굴을 손으로 가리거나 곁눈질을 해서 카메라를 똑바로 바라보지 않는 식이다.

이 자화상은 대중문화를 활용한 급진적인 미술 작품이다. 워홀은 철도역과 쇼핑몰에서 흔히 볼 수 있는 '25센트에 네 컷'짜리 싸구려 사진을 뱉어내는 대중적인 카메라를 이용한다. 그는 직각을 이룬 정사각형에 가까운 모양을 한 일회용 연속 스틸 사진들에서 아름다움을 찾아내 시간의 흐름을 표현한다.

워홀은 속성 사진 촬영기가 담아내는 딱 그만큼만을 허락한다. 즉 "앤디 워홀에 대한 모든 것을 알고 싶으면 내 작품과 내 영화와 내 겉모습만 보라. 거기에 내가 있다. 그 이면엔 아무것도 없다."라고 말이다. 한편 그가 보여주는 이런 번드르르한 겉모습은 도발적인 것이기도 하다. 많은 사람들이 거울이라 묘사했던 워홀은 현대사회가 지닌 공허함을 고해상도로 보여준다.

피츠버그의 굴뚝

앤디 워홀은 1928년 피츠버그에서 태어났다. 어머니 줄리아Julia와 아버지 온드레이 워홀라Ondrej Warhola는 현재 슬로바키아 동부에 해당하는 체코슬로바키아 산골마을 루신 출신이었다. 대공황 시절에 아이들을 키웠던 앤디의 부모는 피츠버그 특유의 마초적인 육체노동계급 문화와 일체 접촉을 피한 채 주로 카르파티아-루신 출신 이민자 사회 안에서만 생활했다. 가족은 집에서는 모국어를 썼고, 어머니 줄리아는 고향의 전래 동화와 전통 민요를 들려주곤 했다. 앤디는 '빨랫줄에 바부슈카*와 오버올**이 줄줄이 걸려 있는 체코 게토ghetto'***를 쏘다니길 좋아했다. 나중에 뉴욕에 살던 워홀은 어머니가 부른 루신 민요를 녹음한 테이프를 즐겨듣곤 했다.

* 여자들이 턱 밑에서 양끝을 매서 쓰는 머리 스카프

** 주로 작업복으로 입는 상의와 하의가 하나로 붙은 멜빵 달린 옷

*** 대도시에 있는 소수민족 집단 거주 구역

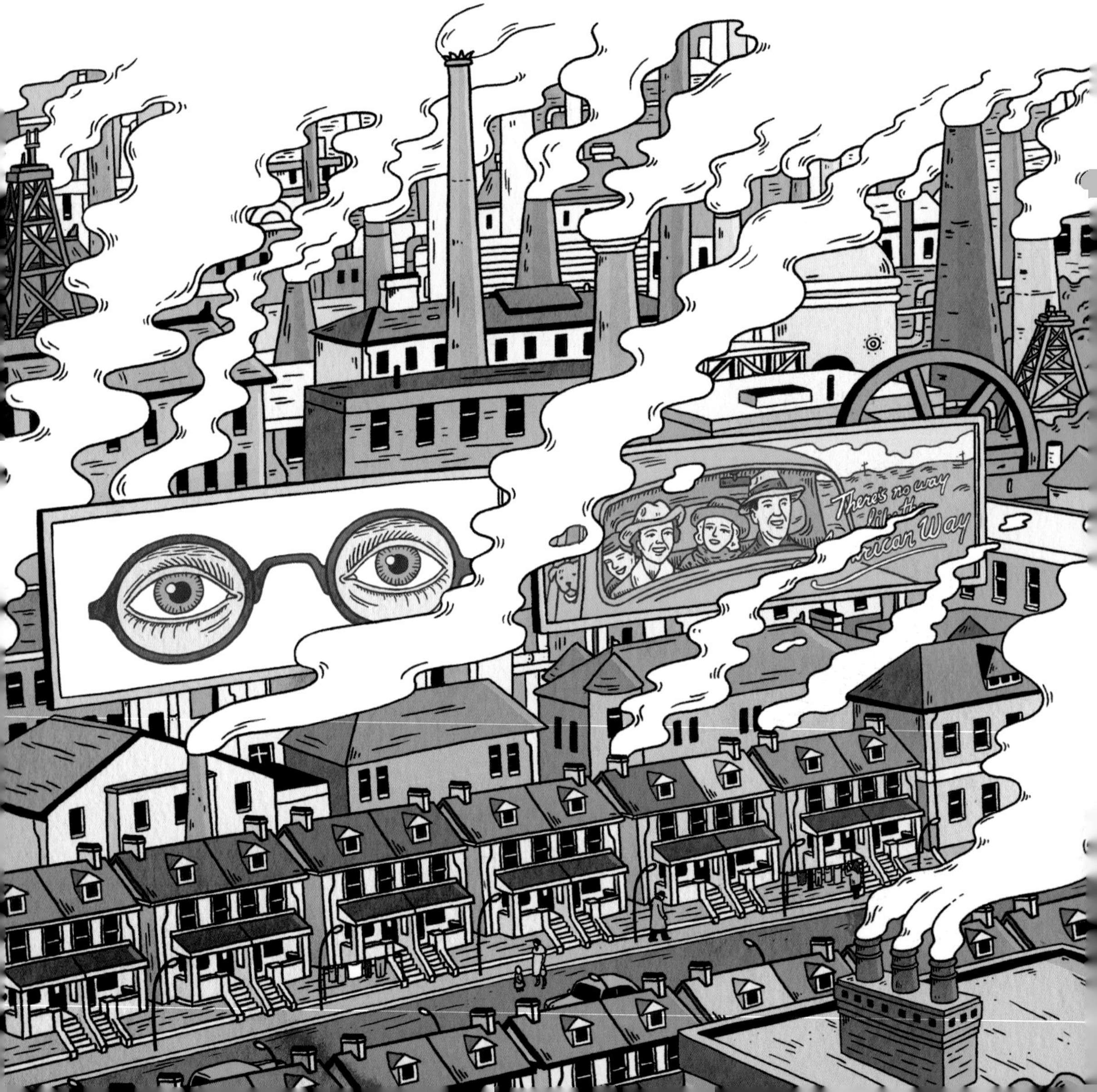

성 요한 교회

* 성화상

앤디 가족은 앤디가 여섯 살 때까지 총 다섯 번 이사를 다녔다. 1934년에 아버지 온드레이는 도슨 가 3252번지에 있는 노란 벽돌집을 샀다. 걸어서 금방 갈 수 있는 성 요한 크리소스텀 동방 가톨릭교회St John Chrysostom Byzantine Catholic Church에서 가족은 일주일에 두 차례 예배를 보았다.

동방 가톨릭교회 신앙은 이콘icon*을 중심으로 한다. 신자들은 이콘을 통해 거룩한 존재를 직접 대면한다. 성 요한 성당은 금박을 입힌 이콘 벽화로 유명하다. 워홀은 몇 시간이고 앉아서 화려한 색을 입힌 이 평면적인 초상화들을 물끄러미 바라보곤 했다. 후에 그는 현대판 이콘이라 할 수 있는 당대 아이콘들을 그리게 되었다. 그가 그린 지극히 평면적인 캠벨 수프 캔과 할리우드 스타들은 성 요한 성당 벽화 속 성인들처럼 두드러진 존재감을 빛낸다.

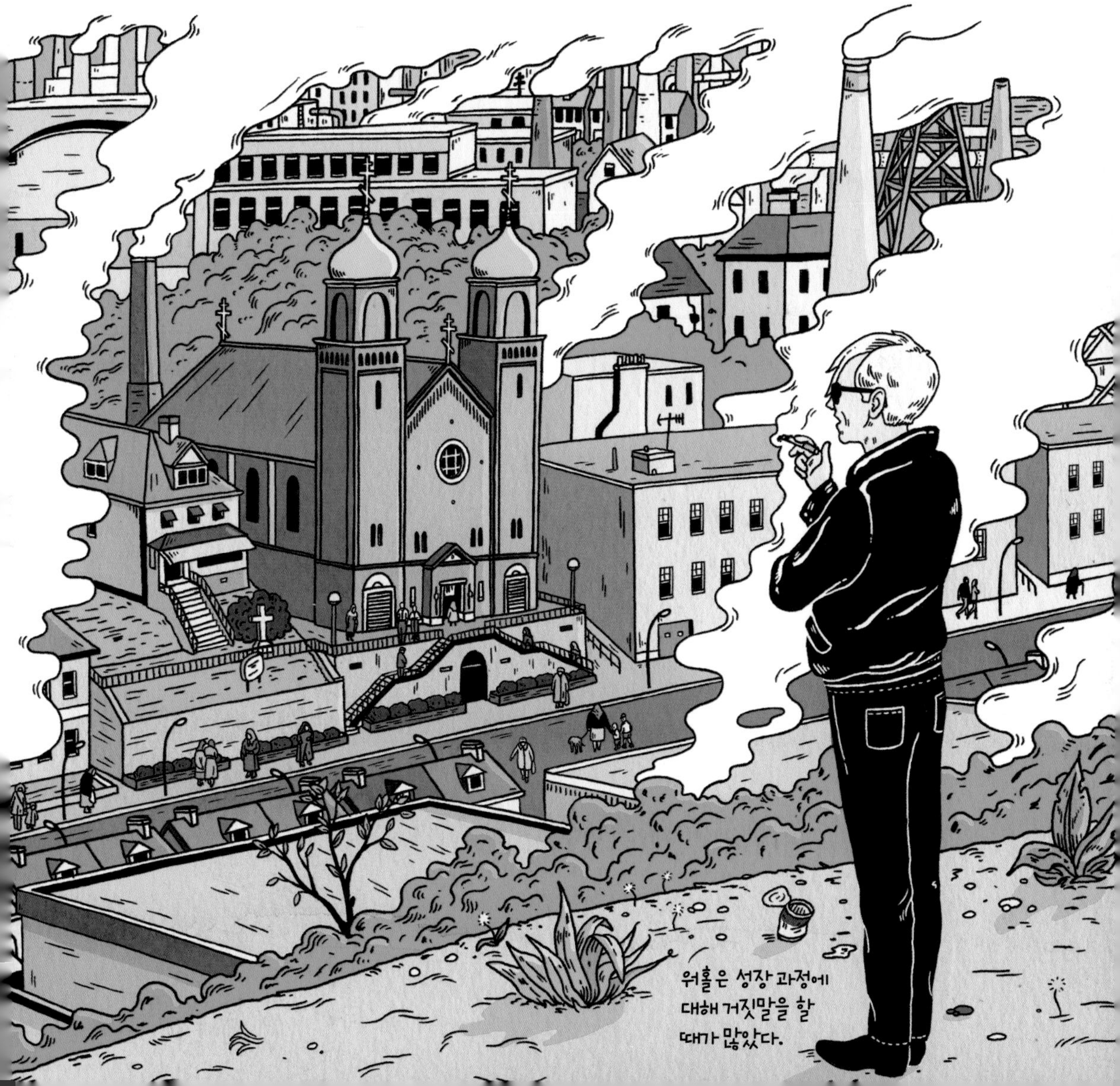

줄리아

줄리아와 온드레이 부부의 첫 아이였던 딸은 가족이 미국으로 떠나기 전에 죽었다. 세 아들 중 막내이자 병약했던 앤디에게 부모는 가장 많은 관심을 쏟았던 것으로 보인다. 줄리아는 이렇게 말한다. "앤디, 우리 아기예요. 딸애는 아기 아빠 떠났을 때 죽어… 이젠 앤디, 우리 아기야."

줄리아는 예술에 재능이 있었다. 시작은 가내 수공업으로, 폐품으로 작품을 만들고, 뜨거운 왁스로 부활절 달걀을 장식하고, 천에 수를 놓았다. 줄리아는 언제나 그림을 그리곤 했다. 둘째인 존에 따르면 "다들 그림을 그렸다." 1954년에 줄리아는 '홀리 캣츠Holy Cats'[*]를 펴냈다. 상상 속 고양이와 천사 그림을 담은 2절판 책이었다. 개성 있는 서체가 특기였던 줄리아는 그래픽 디자이너로도 일해, 문도그Moondog[**] 앨범 표지에 들어간 문자 도안으로 상을 타기도 했다. 줄리아는 아들이 초창기에 제작한 상업광고물 대부분에 들어간 문자 도안을 담당했다.

이렇게 재능 넘치는 어머니였지만 워홀은 어머니를 창피하게 여겨 '시골뜨기 노인네'라 부르곤 했다. 한참 후에 어머니가 뉴욕에 와서 함께 살게 되자 앤디는 마구 쇼핑을 해서 바부슈카를 쓴 시골 아낙네 이미지인 어머니를 메이시 백화점 스타일로 세련되게 바꾸려 애썼다. 으리으리한 뉴욕 자택 안에서 줄리아는 조금은 남들 눈에 띄지 않게 숨겨 놓은 것처럼 '아래층'에서 지냈다.

고치cocoon

여덟 살 때 앤디는 무도병舞蹈病 chorea[***]에 걸려 10주 동안 몸져눕고 말았다. 병 때문에 신경 떨림nervous tremor과 뺨을 가로지르는 붉은 자국과 음낭에 흉터가 생겼다. 담당 의사에 따르면 그는 음낭에 남은 흉터를 대단히 수치스러워 해서 알몸을 드러내길 두려워했다고 한다. 그리고 다음 해와 그 다음 해까지 두 해 연달아 여름마다 병이 재발했다. 그는 이렇게 말한다. "[병은] 언제나 여름방학이 시작되는 첫 날 시작됐다. 여름 내내 라디오만 들으며 지내곤 했다." 앤디는 밖에서 또래 친구들과 놀지 않았다. 대신 형들이 그가 누운 침대에 앉아 그림 그리는 법을 가르쳐주고 어머니는 그가 좋아하는 만화책을 읽어주었다. 그는 침대 주변 곳곳에 붙여둔 만화책 속 영웅들과 할리우드 스타들이 노니는 일종의 상상의 세계에서 살았다.

1942년에 아버지 온드레이가 공사장에서 오염된 물을 마신 후 갑자기 세상을 떠났다. 워홀이 14세 때였다. 충격을 이기지 못한 그는 침대 밑에 숨은 채, 열린 관 속에 누워 있는 아버지를 보려고 하지 않았다. 어머니는 워홀에게는 '신경질환'이 있으니 아버지 장례식에 참석하지 않는 게 좋겠다고 결정했다. 워홀은 질병과 죽음을 끊임없이 두려워했다. 워홀의 작품 근저에는 언제나 죽음이 자리하고 있다.

* 직역하면 '거룩한 고양이'지만 구어로 '에구머니나', '설마', '저런' 같은 뜻을 가진 감탄사기도 해서 이중적 의미를 담은 제목

** 미국 출신의 맹인 작곡가, 연주자, 시인

*** 손발이 제멋대로 움직이거나 경련을 일으켜 제어할 수 없게 되는 유전성 중추신경계 질환

* 오스트리아 출신의 핀업 걸, 배우, 발명가

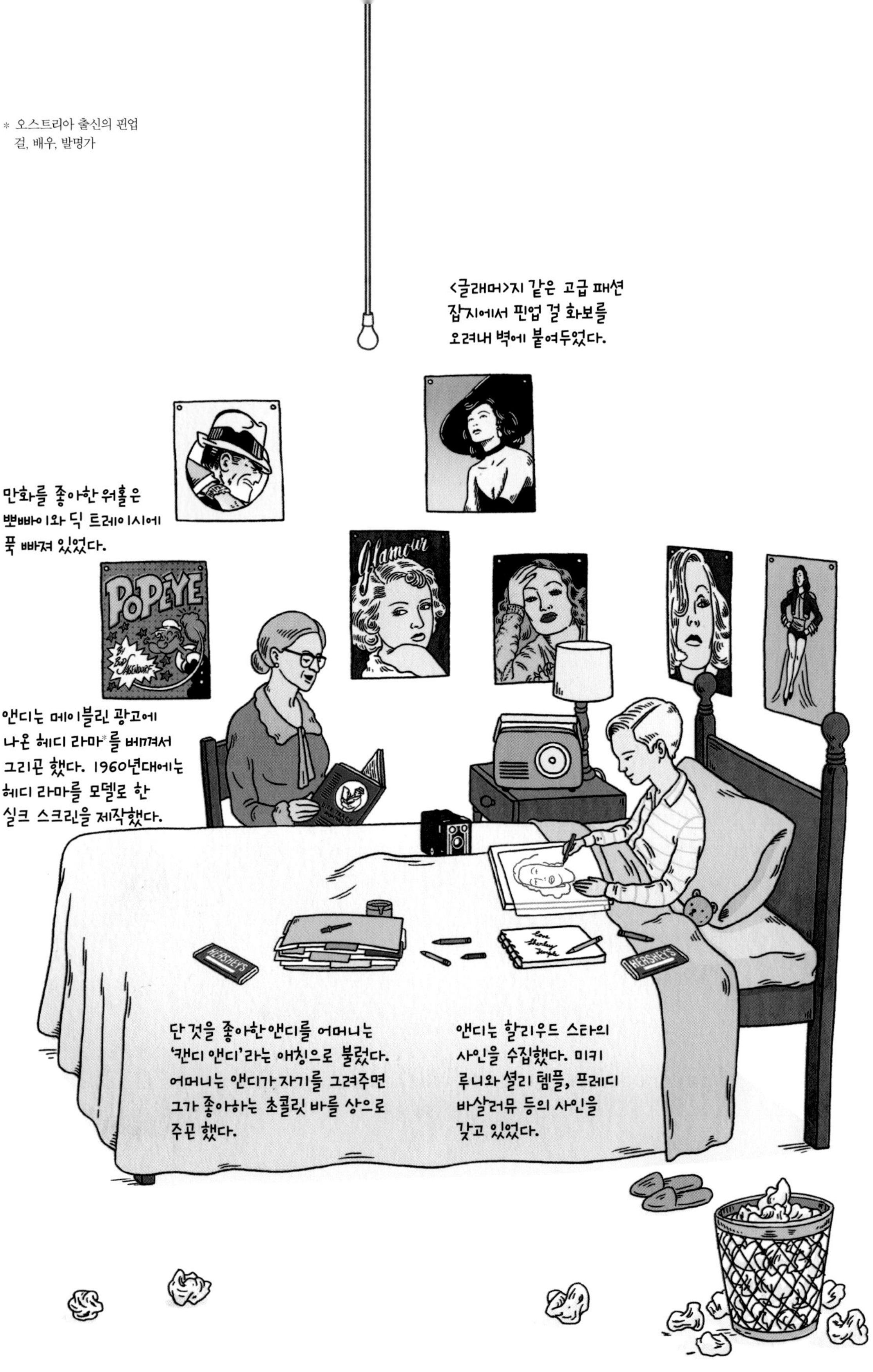

상업 광고로 미술에 입문하다

워홀 집안에서 미술은 자아 탐색과 관련된 게 아니라 어디까지나 생계 수단이었다. 가난하던 시절에 워홀은 어머니가 빈 깡통으로 꽃을 만들어 이웃에 파는 것을 보고 자기도 그대로 했다. 휴일에는 형을 도와 트럭 행상으로 과일과 채소를 팔면서 손님들에게 초상화를 그려주고 부수입을 올리기도 했다. 일찌감치 뛰어든 이런 생계활동에서 워홀의 진면목이 드러난다. 특유의 미적 안목과 출세욕과 금전욕 모두 뚜렷하게 나타난다. 싸구려 잡화점에서 일을 시작했을 때, 진열된 반짝거리는 신상품들에 황홀해진 '가난뱅이 소년'은 이렇게 생각했다.
'[그곳은] 마치 천국처럼 아름다웠다.'

나중에 미술 학교를 다니는 동안 워홀은 조지프 혼 백화점Joseph Horne's Department Store 쇼윈도 장식을 맡았다. 7층짜리 이 상점은 피츠버그 시내에 최초로 생긴 백화점으로, 매년 사람들은 천장에 닿을 듯이 높이 솟은 거대한 크리스마스트리를 구경하러 모여들곤 했다.
시급 50센트를 받은 워홀은 고급 패션잡지들에서 아이디어를 얻어 제품을 광고하는 법을 배우고, 평범한 것들에 환상과 욕망을 불어넣었다. 프랑스 철학자이자 문화이론가 장 보드리야르Jean Baudrillard는 "광고는… 전적으로 내포된 의미connotation이다."라고 주장했다. 워홀은 신화가 지닌 가치를 믿었다. 다시 말해 워홀의 침대 주위에 붙어 있던 핀업 화보 모델들처럼 소비재도 특별한 무언가를 의미했다. 1950년대에는 뉴욕 5번가에 위치한 대형 고급 패션 상점 본윗 텔러Bonwit Teller에서 쇼윈도 장식을 맡았다.

쇼윈도에서 하는 경험과 워홀의 개인적 삶은 닮아 있다. 타인과 친밀한 관계를 맺는 데 애를 먹었던 워홀은 상품을 사지는 않고 진열창 안을 구경만 하고 다니는 사람처럼 세상을 엿보는 입장에 가까웠으니 말이다. "나는 집 안에 틀어박혀 초대받은 모든 파티를 침실에 있는 모니터로 지켜보길 좋아하는 부류다." 유명상표 제품이 가진 신화를 확장해서 인간을 완벽함의 상징으로 우상화한 그는 "상상 속에 존재하는 사랑이 실제 사랑보다 훨씬 낫다. 직접 하는 사랑은 전혀 재미가 없다. 가장 가슴 뛰는 매력은 절대로 만나지 못하는 두 사람 간에 존재한다."라고 믿었다.

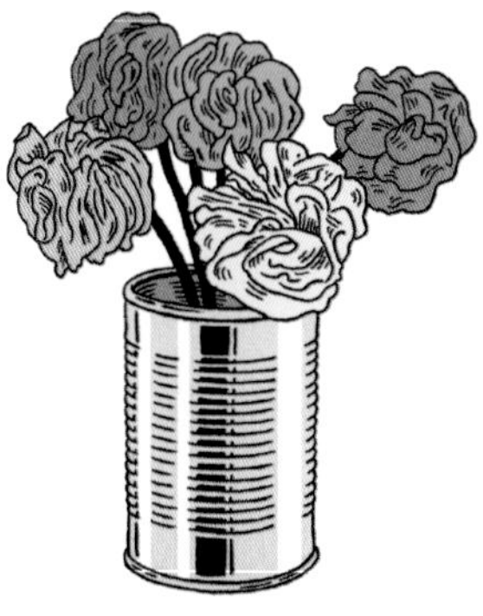

학창 생활

앤디는 초등학교에 전혀 적응하지 못했다. 학교 공부를 따라가느라 고생했을 뿐 아니라 친구를 사귀는 것도 힘들어 했다. 쉔리 고등학교에서는 훨씬 긍정적인 경험을 했다. 난생 처음 친구도 생겼다. 앤디보다 나이가 한 살 반 더 많았던 엘리너 사이먼이라는 소녀는 보호자 역할을 해주는 누나 같은 존재였다. 엘리너가 학교 공부를 도와준 덕에 자신감도 엄청나게 높아진 그는 결국 전교 3등으로 졸업하기까지 했다. 앤디는 어머니가 그를 위해 만들어놓은 고치에서 서서히 빠져나와 좀 더 안정감을 찾기 시작했다.

쉔리 고등학교를 다니는 동안 앤디는 카네기 연구소에서 개설한 영재 미술 교육 과정 장학생이 되었다. 유명한 미국 예술가들을 수없이 배출한 이 강좌가 가진 도전적 분위기를 강사 조지프 피츠패트릭은 이렇게 평가했다. "우리는 그들에게 많은 것을 기대했고, 그들은 그런 기대에 부응했다." 피츠패트릭에 따르면 앤디의 재능은 즉각 두각을 나타냈다고 한다. "앤디가 얼마나 독특하고 개성 넘치는 스타일을 보여줬는지 똑똑히 기억한다… 그는 처음부터 아주 독창적이었다."

이곳에서 들은 미술 수업들은 앤디를 새로운 세상으로 인도했다. 즉 명예와 부의 세계로 말이다. 카네기미술관 조각 전시관은 대표적인 고대 그리스 로마 및 이집트 조각상들을 소장하고 있었고, 건축 전시관에서는 유럽을 대표하는 기념비적인 건물 파사드*들을 전시하고 있었다. 워홀은 이런 것들에도 깊은 인상을 받았지만 특히 부유한 상류층 출신 동급생들에게 그랬다. 몇 년이 지난 후에 당시 친구들이 타고 다닌 고급 승용차와 '값비싼 맞춤복과 화려한 보석 장신구를 걸치고 있던 친구 어머니들'을 회상하기도 했다.

* 건물 정면

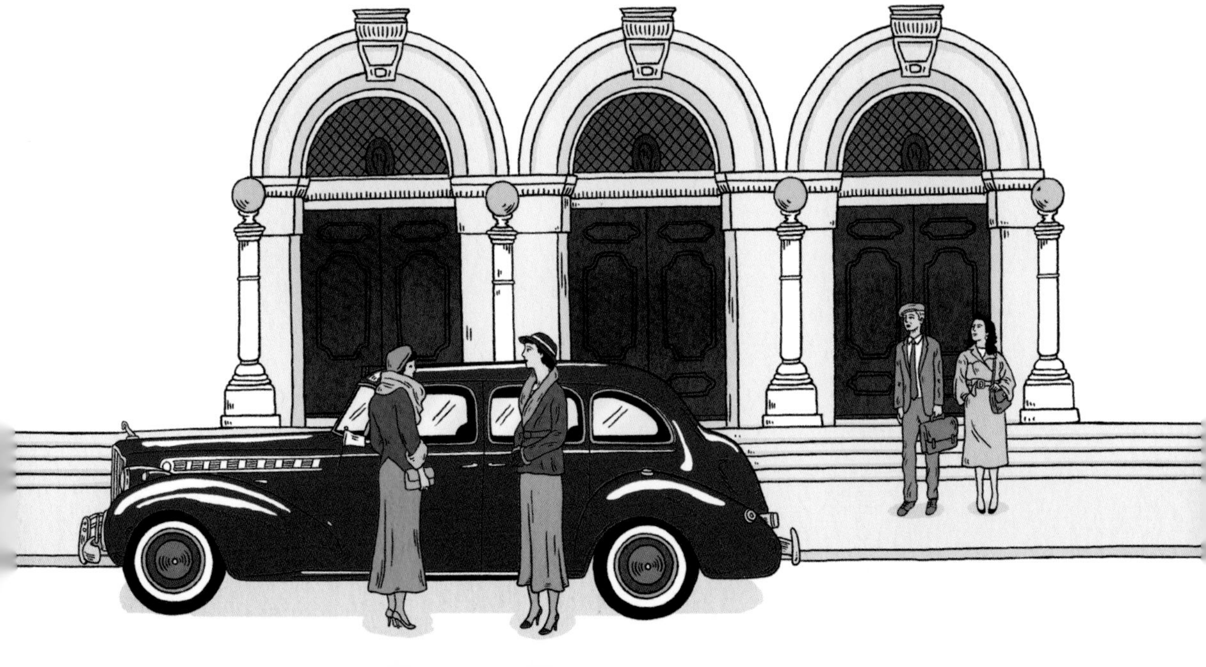

카네기 공과대학 1945-49년

아버지가 죽은 후에 나온 생명보험금은 앤디의 대학등록금으로 쓰였다. 1945년 9월에 앤디는 카네기 공과대학에 다니기 시작했다. 카네기 공과대학에는 미술과 현대 디자인 전공이 있었다. 로버트 레퍼Robert Lepper 교수는 당시 과 분위기를 이렇게 묘사했다. "내 수업을 들은 학생들 절반은 '순수' 미술가가 되길 원했는데 앤디처럼 상업 디자인을 하려는 학생들에게 속물 취급을 받기도 했다. 그들이 서로 잘 녹아들게 하는 게 내 임무였다." 워홀은 회화적 디자인pictorial design을 전공해 1949년에 문학사 학위를 받고 졸업했다. '순수' 쪽에 잠시 손을 대기도 한 그가 이 시기에 내놓은 작품들은 표현주의적이다. 즉 고독한 등장인물을 텅 빈 공간에 배치하고, 격정적이고 거친 화법을 보여준다.

미술 학교에 다닐 때 워홀은 자기 교수를 그렸다. 짧고 삐죽삐죽 솟은 머리에 예술가 풍 안경을 쓰고 콧구멍을 한껏 벌린 레퍼 교수는 도발적이고 팔팔해 보인다. 교수는 혓바닥을 쑥 내민 채 브이 자를 그리고 있다. 표현기법은 생동감이 넘친다. 혓바닥과 손가락과 셔츠 깃에서 반복적으로 나타나는 일련의 뾰족뾰족한 삼각형들이 콧수염과 머리카락에 쓰인 짧고 뻣뻣한 선들과 대조를 이룬다. 고치를 빠져나온 워홀은 미술학교 특유의 활력과 자유로움에 매료되었던 것 같다. 전통적인 미술학교들이 가진 엘리트적 문화와 대조적으로 친근하고 소탈한 타입이었던 레퍼가 참조했던 건 대중문화로, "나는 〈더 아메리칸 보이The American Boy〉* 와 〈더 새터데이 이브닝 포스트〉를 보며 자랐다."고 말한다. 장차 수프 캔을 그리게 될 학생에게는 딱 맞는 스승이었다.

카네기 공과대학 생활을 즐겼던 워홀은 동급생 친구도 많이 사귀었다. 모던 댄스 클럽 Modern Dance Club에서 죽치고 놀았던 그는 여기서 열린 마지막 쇼에서 공연을 하기까지 했다. 미술가로서 전성기를 누리던 무렵에 워홀은 수줍어하며 이렇게 말한 적이 있다. "한 번도 화가가 되려고 한 적은 없었어요. 탭 댄서가 되고 싶었죠." 대학 생활에 흠뻑 빠진 워홀은 어머니에게 소홀해졌다. 아마도 소외감을 느꼈을 어머니가 3학년 등록금을 내주지 않은 탓에 근근이 돈을 모아 학업을 이어가야 하는 처지가 되었다. 졸업반 시절에 상업미술가로서 그의 전매특허 양식이 된 선 번지기 기법blotted-line technique을 선보이기 시작했다. 워홀은 앞으로 나아갈 준비가 되어 있었다.

* 1899년부터 1941년까지 발간됐던 소년 대상 월간 잡지

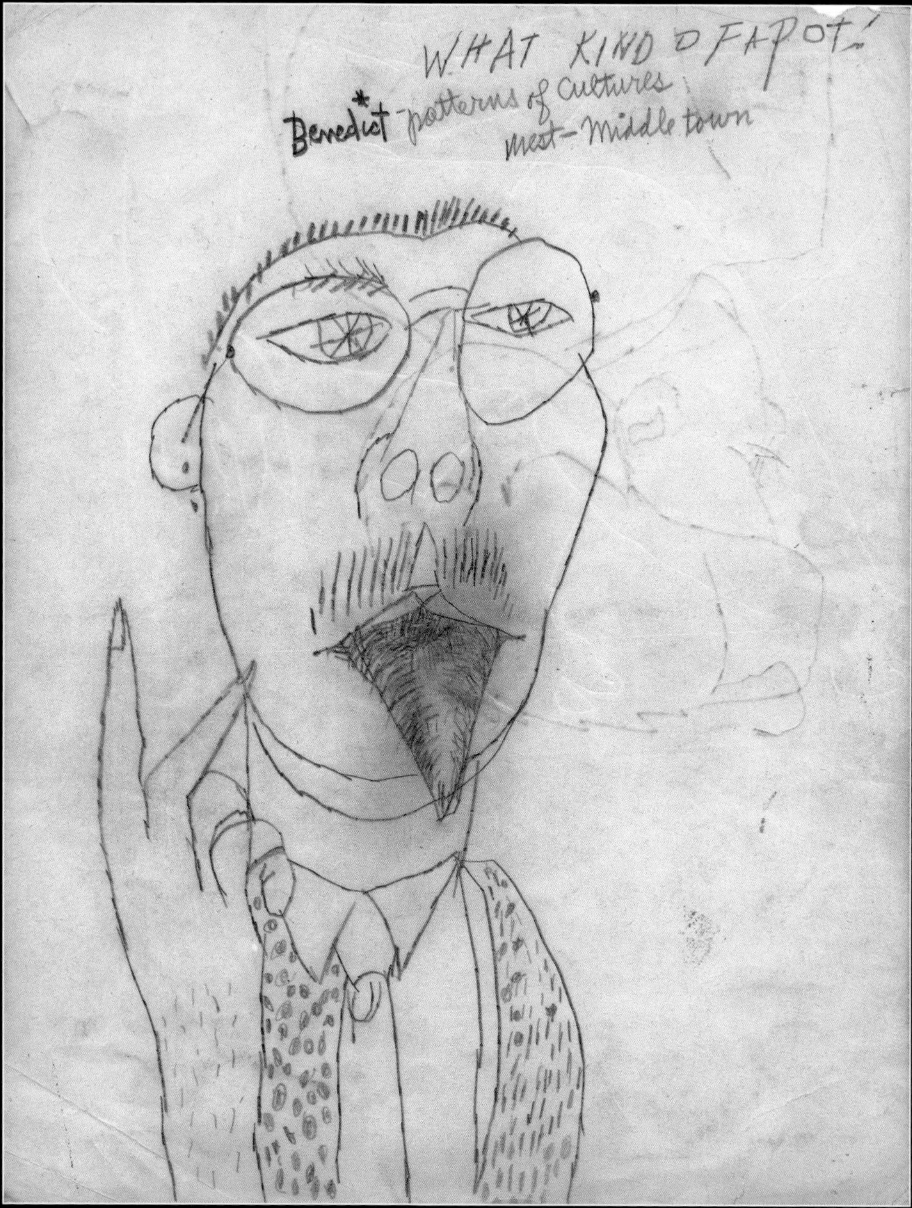

로버트 레퍼, 무제*Robert Lepper, Untitled*
(로버트 레퍼 캐리커처*Caricature of Robert Lepper*)
앤디 워홀, 1948-49년

빅애플*

1949년 카네기 공과대학 졸업 후 워홀은 피츠버그를 떠났다. 그는 이렇게 표현한다. "열여덟 살 때 친구가 나를 크로거 슈퍼마켓 봉지에 쑤셔 넣어 뉴욕에 데리고 갔다." 그는 뉴요커가 된다는 것에 몹시 들떴다. 대학 친구 필립 펄스타인과 함께 유행을 선도하던 맨해튼에 싸구려 아파트를 빌렸다. 뉴욕에서 영위했던 화려하고 새로운 라이프스타일은 어린 시절 가졌던 열망 대부분을 그대로 실현한 것이었다.

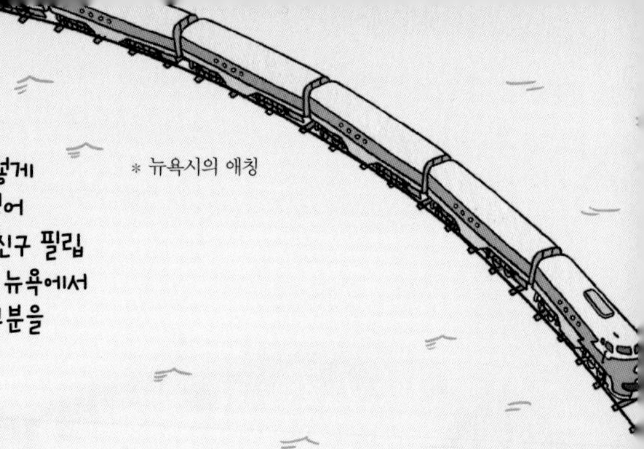

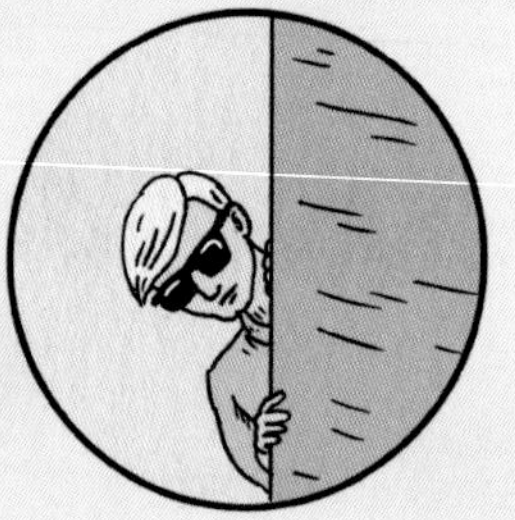

스토커

우연히 마주치길 바라는 마음에서 트루먼 커포티가 살던 파크 애비뉴의 아파트 주변을 서성거리곤 했다.

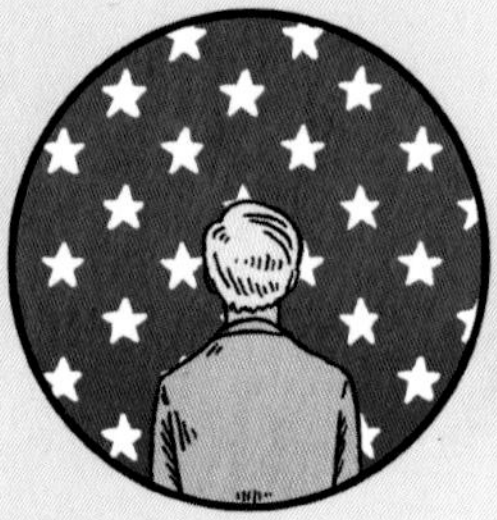

별을 보다

워홀은 플라자 호텔 로비에 앉아 지나가는 스타들을 구경하곤 했다.

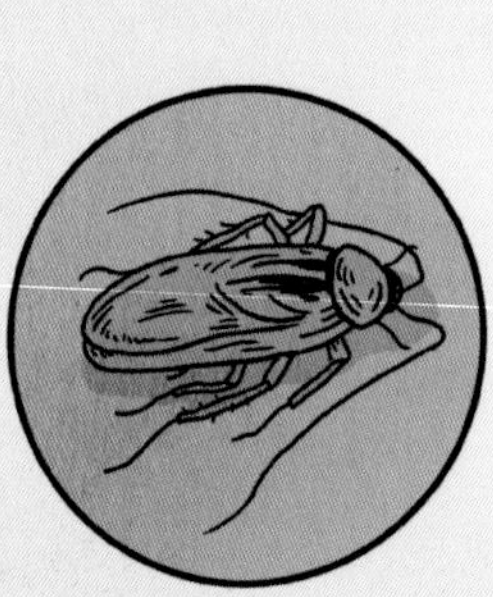

바퀴벌레

워홀이 처음 살았던 싸구려 아파트는 바퀴벌레가 들끓었다. 이곳에서 생애 첫 인터뷰를 가지는 동안 바퀴벌레들이 가방에서 기어 나와 책상 위를 빨빨거리며 지나갔다.

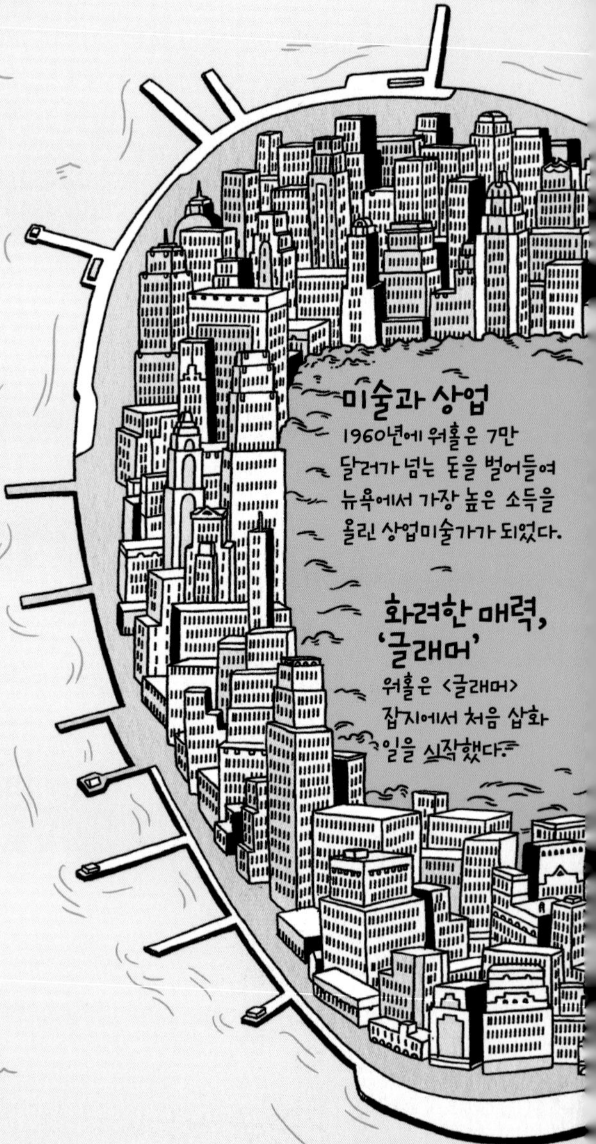

미술과 상업

1960년에 워홀은 7만 달러가 넘는 돈을 벌어들여 뉴욕에서 가장 높은 소득을 올린 상업미술가가 되었다.

화려한 매력, '글래머'

워홀은 <글래머> 잡지에서 처음 삽화 일을 시작했다.

* 뉴욕시의 애칭

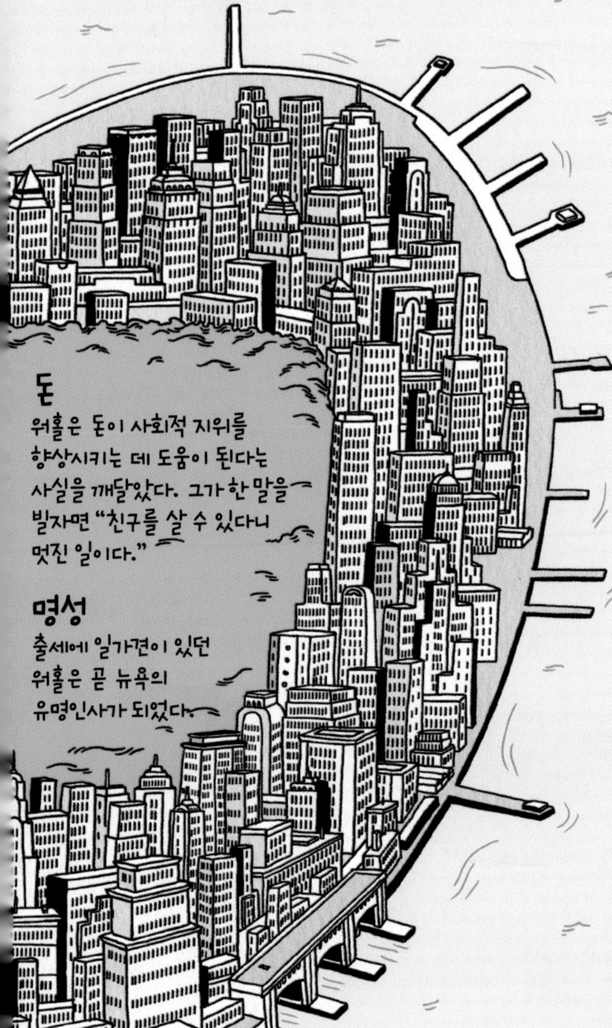

돈
워홀은 돈이 사회적 지위를 향상시키는 데 도움이 된다는 사실을 깨달았다. 그가 한 말을 빌자면 "친구를 살 수 있다니 멋진 일이다."

명성
출세에 일가견이 있던 워홀은 곧 뉴욕의 유명인사가 되었다.

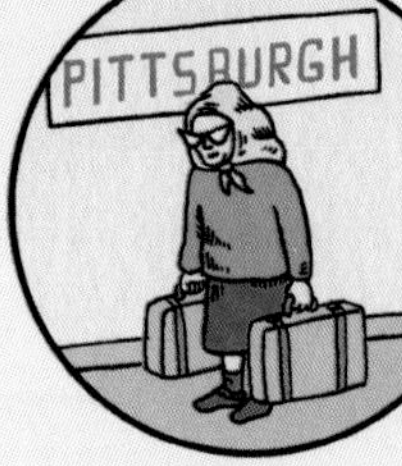

어머니
1952년에 어머니가 뉴욕으로 이사를 왔다. 그 때부터 1970년에 양로원에 들어갈 때까지 어머니는 앤디와 함께 살았다.

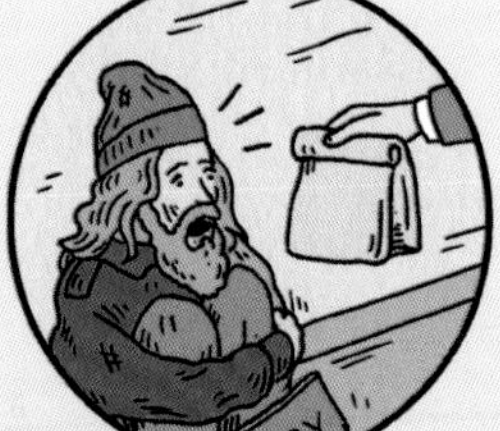

고급 정찬 2인분
워홀은 뉴욕 최고급 레스토랑들에서 식사하길 좋아했다. 보통 2인분을 주문해 1인분은 포장을 해달라고 해서 집에 가는 길에 있던 노숙자에게 주곤 했다.

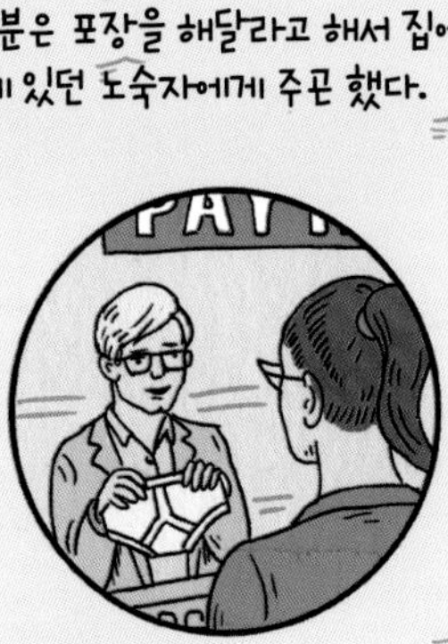

블루밍데일 백화점
뉴욕을 대표하는 백화점인 블루밍데일에 워홀은 하루가 멀다 하고 들러 판매원과 수다를 떨곤 했다.

상업 작품

워홀은 상업미술가로서 대단한 성공을 거두었다. 〈글래머〉 지와 처음 일을 시작한 그는 〈보그〉와 〈하퍼스 바자〉 같은 온갖 유수한 패션 잡지들과 잇달아 작업을 했다. 소년 같은 매력을 가진 앤디를 고객들은 누더기 앤디Raggedy Andy라 불렀다. 티셔츠와 치노 바지를 입은 모습이 무척 후줄근해 보였기 때문이다. 자기가 작업한 것을 종이 봉지에 넣어 회의에 갖고 나왔기 때문에 종이 봉지 앤디Andy Paperbag라는 별명을 얻기도 했다. 얼마 안 가 말쑥하게 차려입게 된 그는 다른 매디슨 애비뉴 사람들처럼 맞춤 정장을 입고 이탈리아제 구두를 신게 되었다. 하지만 누더기 앤디라는 이미지가 가진 힘을 잘 알았던 그는 이런 댄디 룩에 허름한 느낌을 가미해, 자기 고양이에게 구두에 오줌을 싸게 해서 해진 것처럼 보이게 만들기도 했다.

워홀은 당시의 매끈하게 잘 빠진 광고와 뭔가 다른 것을 보여주었다. 특유의 선 번지기 blotted-line 기법을 쓴 그림은 자유분방하고 천진난만한 느낌을 주었다. 얄궂게도 이런 아무렇게나 그린 것처럼 보이는 그림을 제작하는 과정은 무척 복잡했다. 먼저 간단한 그림을 그린 후에 만년필로 선을 따라 그렸다. 그리고 아직 잉크가 마르지 않은 상태에서 이 원본을 찍어냈다. 이런 방법으로 사본을 다량으로 찍어낼 수 있었다.

야생 라즈베리

앤디가 요리책 〈야생 라즈베리Wild Raspberries〉를 위해 그린 삽화는 생기 넘치고 다채롭다. 찔끔찔끔 번져 있는 선들은 어디는 굵고 어디는 살짝 스치듯 가늘다. 이 삽화에서 접시 가장자리에 그려진 방사형 선들은 줄표 모양으로 짤막짤막하게 끊겨 있다. 선명한 분홍색은 거의 사탕 맛이 느껴질 듯 달콤하다. 어머니 줄리아 워홀라가 손 글씨를 덧붙였다.

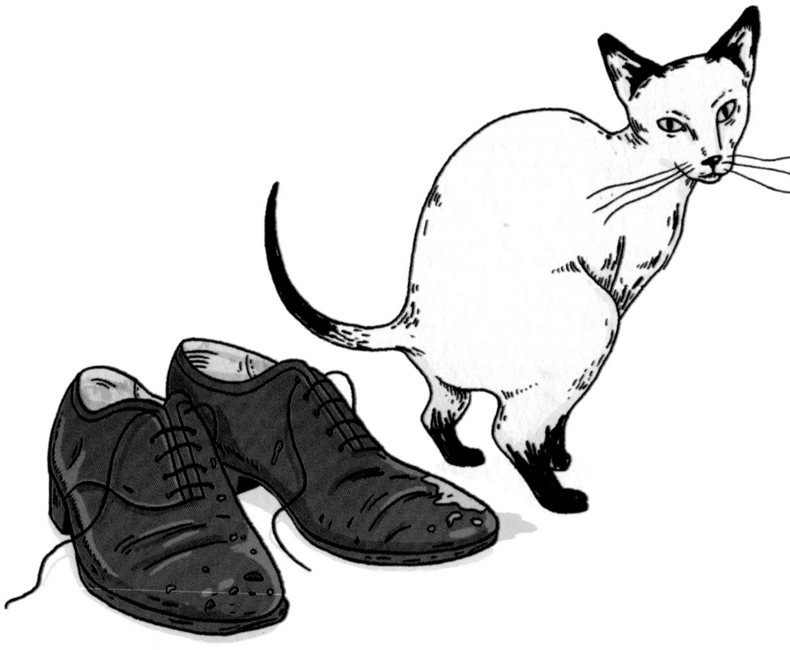

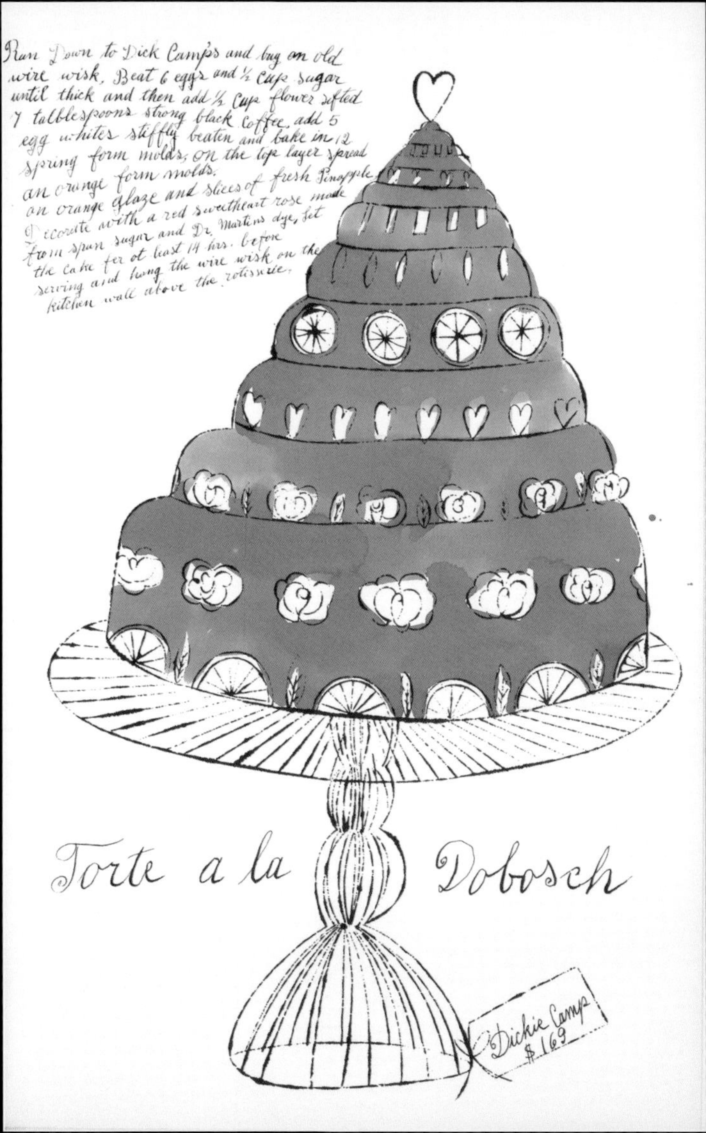
Run Down to Dick Camps and buy an old
wire wisk, Beat 6 eggs and ½ cup sugar
until thick and then add ½ cups flower sifted
7 talblespoons strong black coffee, add 5
egg whites stiffly beaten and bake in 12
spring form molds; on the top layer spread
an orange form molds.
an orange glaze and slices of fresh Pinapple
Decorate with a red sweetheart rose made
from spun sugar and Dr. Martins dye, let
the cake fer ot least 14 hrs. before
serving and hang the wire wisk on the
kitchen wall above the rotisserie.
Torte a la Dobosch
Dickie Camp
$.169

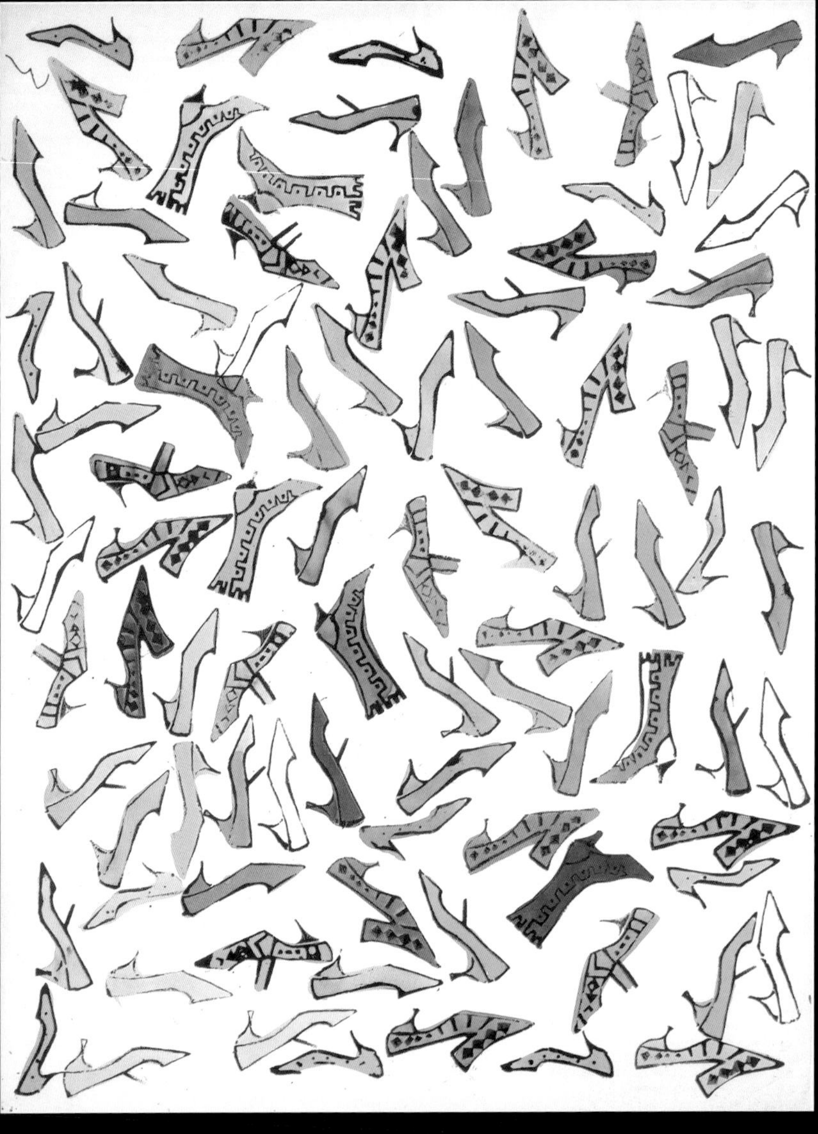

무제(찍어낸 구두들)
Untitled(Stamped Shoes)
앤디 워홀, 1959년 경

상아색 스케치북 종이에 잉크와 닥터 마틴에 쓰이는 아닐린 염료
23¾ × 17⅞ in (60.3 × 45.4 cm)

작은 팩토리

워홀 신화의 중심에는 팩토리The Factory가 있다. 근로자들이 팀을 이뤄 실크 스크린을 대량으로 찍어내는 곳이었다. 1950년대에 이런 팩토리의 축소판이 존재했다. 친구 네이선 글루크Nathan Gluck를 고용해 삽화를 그리게 하고, 어머니에게는 손 글씨를 덧붙이게 한 것이다. 상업미술 분야에서는 협업이 표준 관행이지만 순수미술 분야에서는 오직 미술가 본인만의 고유한 개성을 보길 기대한다. 아서 단토Arthur Danto가 이렇게 고찰하듯이 말이다. "우리는 미켈란젤로가… 이제까지 없던 아름다움과 의미의 유일무이한 대상들을 창조해냈다고 생각한다." 추상적 표현주의는 창조 과정이 내적 영혼을 표현하는 것이라는 견해를 강력하게 주장했다. 워홀이 이런 드라마에 종지부를 찍었다. 어느 누구라도 그의 작품을 만들어낼 수 있게 되었으니 말이다.

발 페티시

1950년대 중반에 워홀은 구두 회사인 I. 밀러I. Miller 사와 수지맞는 계약을 했다. I. 밀러 사는 〈뉴욕 타임스〉에 매주 한 번씩 실리는 광고로 이미지를 쇄신해달라고 주문했다. 밀러 사에서 워홀에게 발 페티시가 있다는 말을 어디서 전해 듣기라도 했던 걸까?
워홀의 남자친구 존 지오르노John Giorno는 이 소문이 사실이라는 걸 재밌는 일화로 확인해준다. "17세기에 스페인에서 제작된 의자에 앉아 있는데… 앤디가 갑자기 바닥에 앉더니 손으로 내 발을 잡고 구두에 입을 맞추고는 핥기 시작하지 뭔가." 워홀은 밀러 구두를 멋지고 현대적으로 보이게 만들어 여성들이 밀러 구두에 대해 가지고 있던 인식을 바꿔놓았다. 맞은편 그림을 보면 다양한 밝은 색 부츠와 구두가 깔끔한 흰 색 공간에 이리저리 굴러다니고 있다. 코가 뾰족한 구두와 잘 빠진 하이힐과 수놓은 부츠에서 확실히 페티시적 인상을 받을 수 있다.

밀러 광고를 제작하는 과정에서 워홀은 뭔가를 다량으로 보여주는 게 가진 이점을 깨달았다. 그는 이렇게 말한다. "구두 광고를 만들 때 구두 한 짝에 13달러를 받았다. 그러다 보니 구두 한 짝에 13달러라는 측면에서 모든 걸 바라볼 수밖에 없었다. 밀러 사에서 한 광고에 구두 스무 짝을 보여주라고 하면 13달러 곱하기 20인 식이었다." 1960년대에 그는 실크 스크린에서 반복적 모티프를 이용하기 시작했고, 실크 스크린 한 점을 꼭 다수로 찍어서 팔았다. 미술계를 향한 이런 도발적 행위를 통해 미술작품을 유일무이한 것으로 보는 관념에 도전했다.

렉싱턴 애비뉴 1342번지

1960년에 워홀은 렉싱턴 애비뉴에 타운하우스를 구입했다. 1961년에 이곳을 방문했던 미술관 큐레이터 월터 홉스에 따르면 "어둡고 커다란 집이었다…. [그런데도] 가구는 갖춰져 있지 않다는 게 특이했다." 마치 거대한 호기심의 방*이기라도 한 것처럼 사탕 모양 껌 자판기부터 소묘 작품까지 앤디가 수집한 별난 물건들이 보관되어 있었다. 렉싱턴 애비뉴 저택에 있던 물건들이 경매로 나오자 '타임' 지에서는 이를 두고 '세기의 창고세일'이라 부르기도 했다.

* 르네상스 무렵 유럽에서 왕, 왕족, 귀족, 유명 학자들 사이에서 유행했던 것으로, 다양하고 진기한 물건들을 수집해서 전시해놓은 일종의 개인 수장고. 박물관의 전신으로 간주되기도 한다.

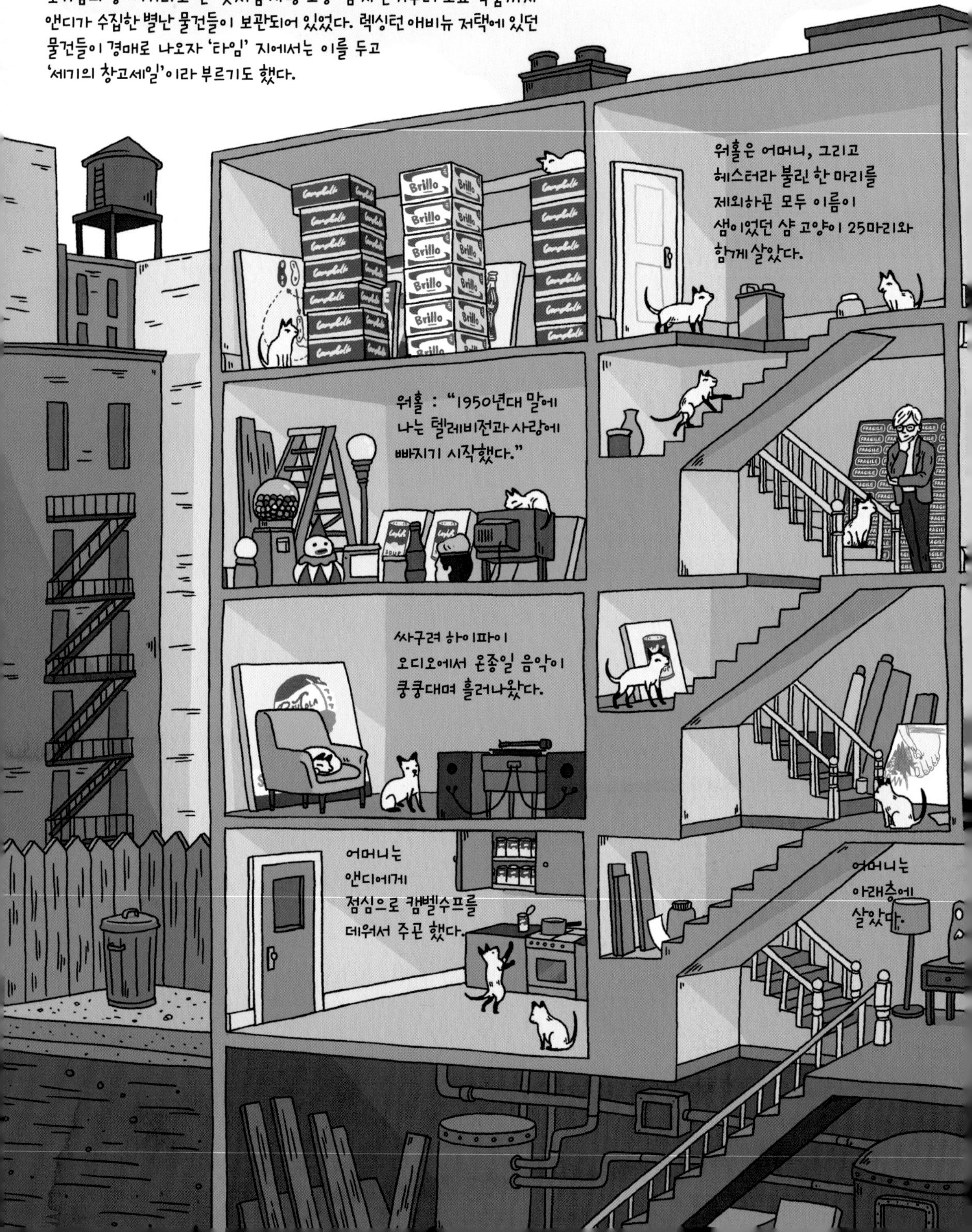

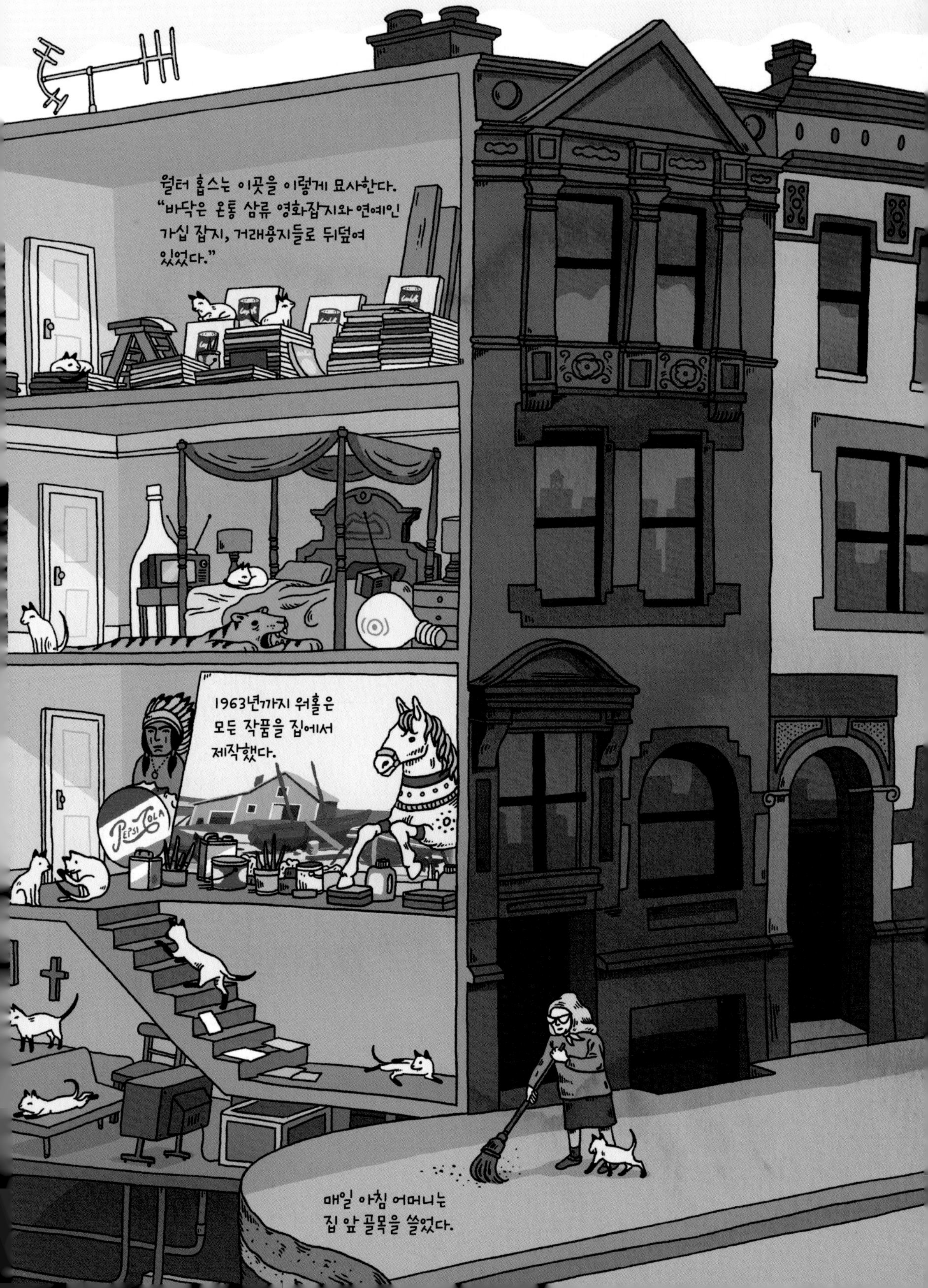
월터 홉스는 이곳을 이렇게 묘사한다. "바닥은 온통 삼류 영화잡지와 연예인 가십 잡지, 거래용지들로 뒤덮여 있었다."
1963년까지 워홀은 모든 작품을 집에서 제작했다.
PEPSI COLA
매일 아침 어머니는 집 앞 골목을 쓸었다.

순수미술 진영

1950년대 후반에 워홀은 '순수' 미술 쪽에 좀 더 관심을 두기 시작했다. 당시는 미술계가 엄청난 변혁기를 겪고 있던 무렵으로, 미술가들은 한때 미술계를 장악했던 추상적 표현주의에 반기를 들고 있었다. 표현주의자들이 추구하는 진지한 자기 성찰이 현실 및 일상적 경험과 접점을 잃어버렸다는 분위기가 존재했다. 표현주의적 작풍, 즉 음울한 색채와 카타르시스를 유도하는 특징이 신세대에게는 거북하게 다가오는 듯했다.

로버트 라우션버그Robert Rauschenberg와 재스퍼 존스Jasper Johns가 이런 변화의 조류를 보여주는 전조였다. 불쾌한 현실을 적나라하게 표현한 이들 작품은 주변 환경에 초점을 맞추고 있었다. 즉 라우션버그는 작품에 현실에 존재하는 것들을 담아냈다. 이 중에는 치약 얼룩, 퀼트, 오래된 신문, 심지어 죽은 새도 있었다. 그런가 하면 존스는 일상적으로 접하는 이미지, 편지, 과녁, 국기를 그렸다. 워홀의 친구였던 미술 중개상 에밀 드 안토니오Emile de Antonio가 존스와 라우션버그의 든든한 후원자였다. 드 안토니오는 '거대한 〈미국 국기American flag〉, 최초의 〈과녁Targets〉, 최초의 〈숫자Numbers〉' 앞에서 존스, 라우션버그와 함께 저녁을 먹은 이야기를 워홀에게 늘어놓곤 했고, 유명인을 숭배하는 경향이 강했던 워홀은 흠뻑 빠져들었다. "나로선 그게 어떤 것일지 상상하는 것만으로도 전율이 일었다." 워홀에 따르면 둘이 나눈 이런 가벼운 잡담이 그에겐 미술 교육이 되었다.

전후 미국 작가 집단을 가리키는 비트 세대Beat Generation도 그에게 또 다른 중요한 배경지식을 제공했다. 비트 세대도 현대 미국을 있는 그대로 가감 없이 묘사한다. 〈아우성Howl〉에서 앨런 긴즈버그Allen Ginsberg는 마약에 찌든 밤의 세계를 생생히 그린다. 후에 워홀의 실버 팩토리Silver Factory에서 펼쳐진 광경과 다르지 않은 세계였다. 1960년대에 비트 세대 시인들은 앤디의 실버 팩토리에 뻔질나게 드나들었고 덕분에 앤디는 긴즈버그와 잭 케루악에 대한 단편 영화를 찍기도 했다.

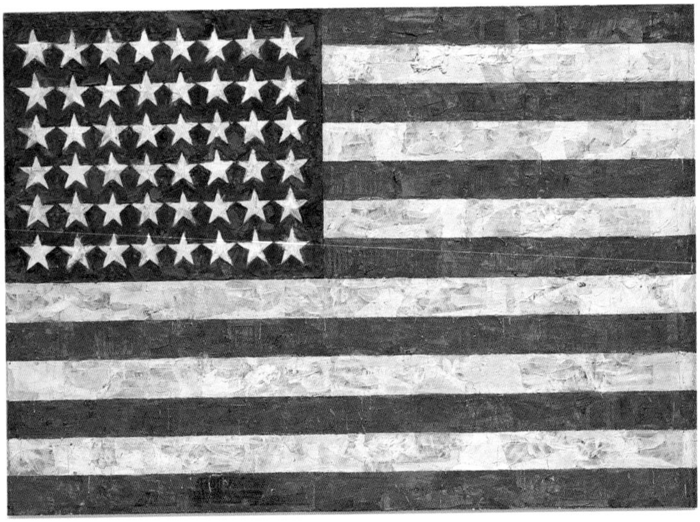

재스퍼 존스, 국기(*Flag*), 1954년
뒷면에 날짜가 적혀 있음. 합판에 붙인 천에 납화*와 유채, 콜라주, 42 1/4 × 60 5/8 in(107.3 × 153.8 cm). 뉴욕 현대미술관. 알프레드 H. 바 주니어를 추모하며 필립 존슨이 기증. 106.1973

* 열을 가해 채색하는 기법

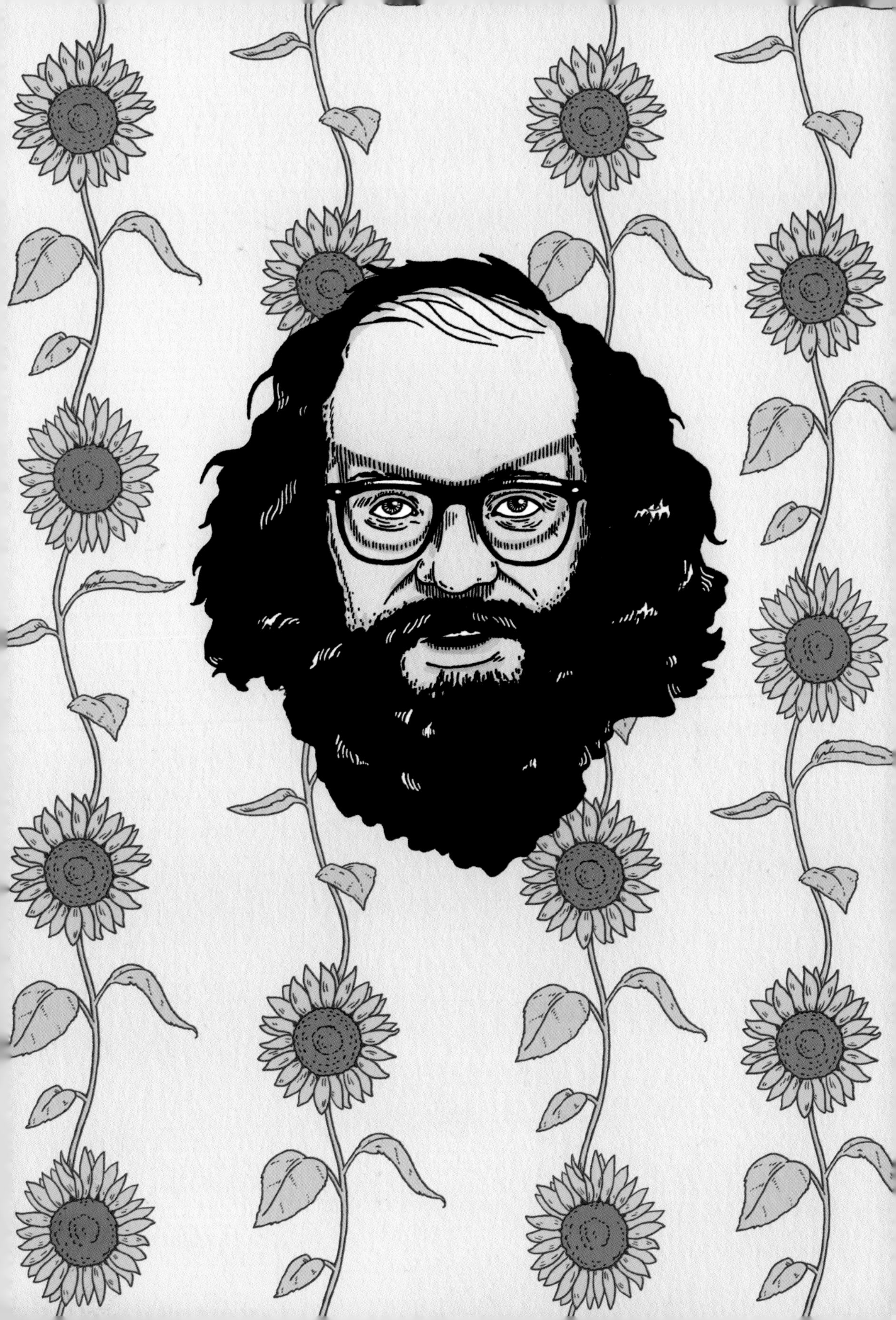

팝 아트

1960년대 초에 워홀은 뉴욕 팝 아트계의 일원이 되었다. 앤디를 비롯한 주역들로는 클래스 올덴버그Claes Oldenburg, 톰 웨슬만Tom Wesselmann, 제임스 로젠퀴스트James Rosenquist, 로이 리히텐슈타인Roy Lichtenstein이 있었다. 서로 각자 따로 작품 활동을 하던 이들은 공통된 관점을 드러냈다. 당시 메트로폴리탄미술관 20세기 미술관 큐레이터였던 헨리 겔트잘러Henry Geldzahler는 팝 아트의 태동기를 이렇게 묘사했다. "마치 SF 영화 같았다. 각자 뉴욕 다른 곳에서 살면서 서로 모르는 사이던 팝 아티스트들이, 진창에서 하나둘씩 비틀거리며 나타나서 자기 작품을 들이미는 거다."

미국 팝 아티스트들은 급진적 태도를 보였다. 존스와 라우션버그가 그랬듯이, 기성 미술계와 그곳의 현실과 유리된 분위기 및 엘리트적인 문화적 레퍼런스cultural reference에 반기를 들었다. 팝 아트는 사전 지식을 요하지 않았다. 쉽고 직관적이고 재밌었다. 워홀은 이렇게 표현한다. "팝 아티스트들은 브로드웨이 거리를 다니는 어느 누구라도 단번에 알아볼 수 있는 이미지들을 그렸다. 만화, 피크닉 테이블, 남자 바지, 유명인사, 샤워커튼, 냉장고, 코카콜라 병처럼 추상주의적 표현주의자들이 그토록 무시하려 애썼던 온갖 멋진 현대적인 것들을 말이다."

팝 아티스트들은 평범한 대중을 위한 미술을 추구했다. '뉴욕적'인 것보다는 '미국적'인 것에 초점을 맞췄다. 워홀은 중요한 미국적 오락거리라 할 만한 장거리 자동차 여행을 하면서, 미국 곳곳에 널린 모든 고속도로 표지판과 옥외 광고판에서 '팝 아트'적 특징을 포착했다. 그는 이렇게 표현한다. "서쪽으로 갈수록 고속도로에 있는 모든 것에서 점점 더 많은 팝 아트적 요소를 볼 수 있었다… 우리 모두 한편이 된 것 같은 느낌이었다." 워홀에 따르면 실은 '팝 아트적 미국Pop America이야말로 진짜 미국이었다.'

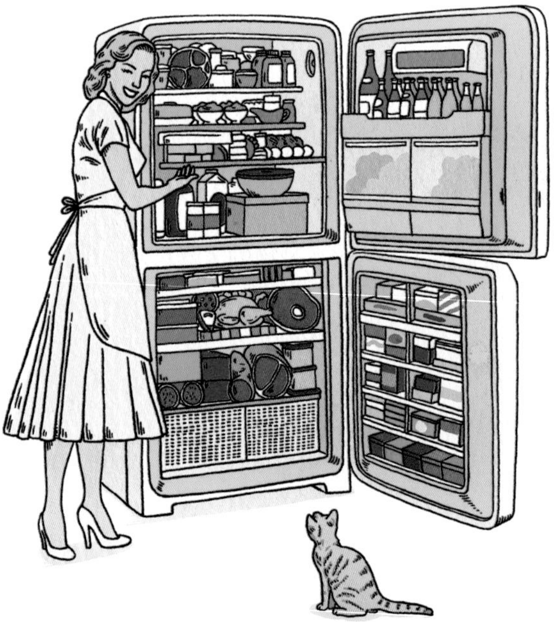

전자 혁명

팝 아티스트들은 전자 시대에 살아가는 경험을 적극적으로 활용했다. 미국인들은 물밀 듯 쏟아져 들어오는 새로운 이미지와 소리에 파묻히고 있었다. 흑백 TV와 레코드플레이어와 개인용 테이프 녹음기, 휴대용 라디오, 즉석카메라가 처음 시판되어 대부분의 가정에 자리 잡았다. 거실에 앉아 전 국민이 대통령 선거에 입후보한 존 F. 케네디와 리처드 닉슨 간에 벌어진 최초의 TV 토론을 지켜보았고, 몇 년 후에는 케네디 대통령이 흉탄에 암살당하는 장면도 목격했다. 1969년에는 전 세계 사람들이 이글 호가 달에 착륙해 닐 암스트롱이 인간 최초로 달에 발을 내딛는 모습을 TV 생중계로 지켜보았다.

철학자 마샬 맥루한Marshall McLuhan은 전자 혁명은 "문화, 가치관, 태도를 완전히, 그리고 거의 즉각적으로 바꿔놓는 결과를 가져온다."고 주장했다. 앤디는 이런 새로운 경험에 잔뜩 흥분했다. 그는 '내가 대통령이라면 무엇을 했을지, 즉 TV 출연 기회를 어떻게 활용했을지 상상'해보곤 했다. 배우 톰 레이시Tom Lacy는 앤디와 처음으로 엘리베이터에서 흘러나오는 배경음악을 들었을 때를 기억한다. 두 사람은 내려야할 층에 도착할 때까지 음악에 맞춰 느릿느릿 춤을 추었다. 워홀은 온갖 전자 기기를 덥석덥석 사들였다. 집에서는 TV와 하이파이 오디오와 라디오를 항상 틀어놓았고, 파티에서는 사람들과 이야기를 나누기보단 카메라를 찰칵대거나 테이프 플레이어를 틀어놓곤 했다.

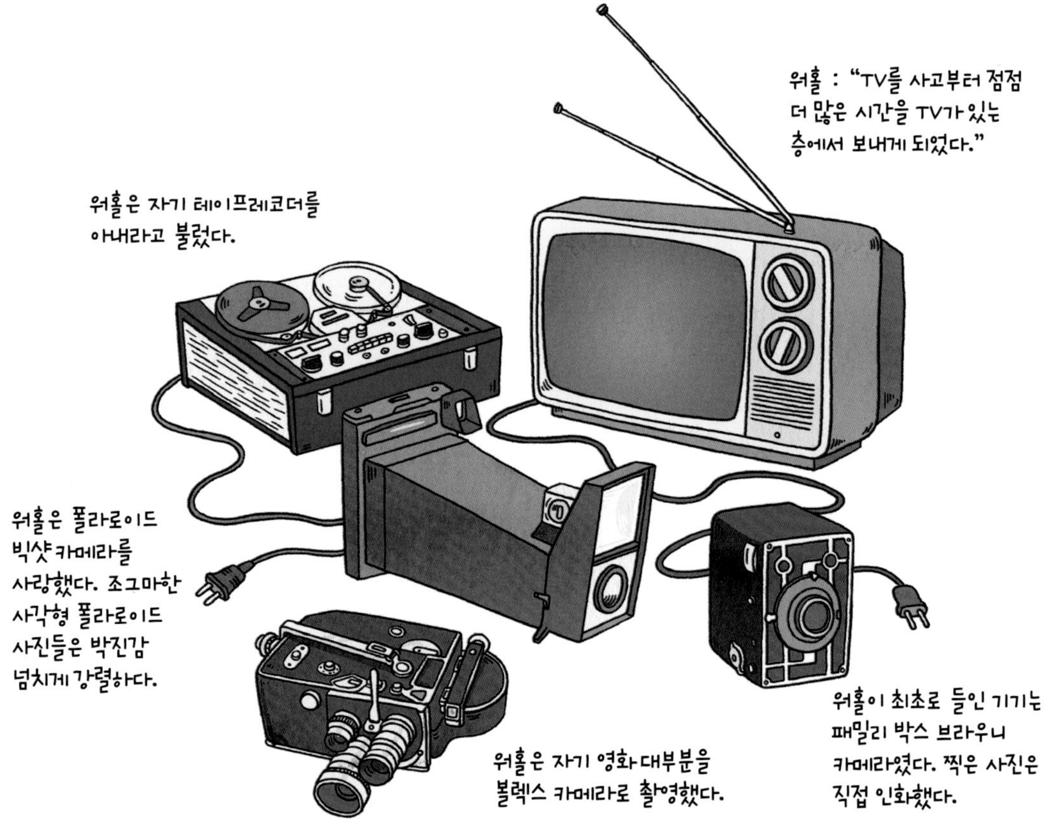

최초의 팝 아트 작품

워홀이 제작한 최초의 팝 아트 작품은 당시엔 한 번 보고 버리는 이미지였던 광고와 연재만화에 바탕을 두고 있었다. 1960년대에 워홀은 어린 시절 영웅이었던 딕 트레이시를 그렸다. 만화책을 참조한다는 건 급진적인 행동이었다. 딕 트레이시를 창조한 체스터 굴드Chester Gould는 타락해버린 사회, 즉 범죄에 물든 미국을 생생히 담아냈다. 그는 신문에서 본 갱들을 모델로 해서 작품에 등장하는 '나쁜 놈들bad guys'을 그렸다. 그런가 하면 폭탄 같이 생긴 악역 밤 페이스Bomb Face는 당시 감돌던 세계대전의 전운을 형상화한 존재였다.

딕 트레이시는 아웃사이더 문화에 대한 이야기였다. 물불을 가리지 않는 패기 넘치는 비밀 탐정 딕 트레이시는 반항적인 도시의 카우보이로, 직접 자기 손으로 정의를 실현한다. 온갖 첨단 기기를 활용하는 딕 트레이시는 팝 아트적 매력이 다분하다. 긴즈버그가 쓴 〈아우성〉 처럼 사실적인 대사에 일상적 배경과 속도감 있는 전개, 과격한 감탄사를 내뱉는 등장인물들이 등장한다. 워홀은 트레이시가 가진 야수 같은 스타일을 화폭에 담아냈다. 즉 트레이시를 대표하는 특징인 매부리코와 각진 아래턱은 물론, 굴드 특유의 선명한 색채 사용까지 말이다. 재밌게도 워홀은 충분히 만화적으로 나가지 못했다는 비판을 받았다. 삽화가 가진 평면성을 무시한 워홀은 질감이 살아 있고 상당히 회화적인 표현기법을 보여준다. 딕 트레이시의 얼굴과 초록색 배경에는 선영線影*을 표현한 선들이 그어져 있고, 트레이시가 쓴 모자챙과 재킷 맨 아래로 물감이 조금 흘러내려와 있다.

1961년에 레오 카스텔리 갤러리Leo Castelli Gallery 공동 관장인 아이반 카프Ivan Karp가 렉싱턴 애비뉴에 있는 자택으로 워홀을 찾아왔다. 갤러리 전시 계약 여부가 걸려 있었기 때문에 워홀에겐 중요한 만남이었다. 카프에 따르면 "다양한 만화를 소재로 한 서른 또는 마흔 점 정도의 작품을 쭉 살펴보았다. 이 중 일부는 추상적 표현주의 양식이었고 일부는 아주 평범하고 무미건조했다." 카프는 계약을 제안하진 않았지만 워홀에게 명쾌한 조언을 건넸다. "물감을 튀기고 흩뿌리지 않은 작품들이 더 마음에 든다고 말해줬다. 만화 풍으로 그릴 거면… 그 쪽으로 철저하게 끝까지 밀고 나가는 게 좋겠다고 말이다."

미술 중개상이자 친구였던 에밀 드 안토니오Emil de Antonio도 같은 생각이었다. 앤디는 앞서 카프와의 만남이 있기 일 년 전에 드 안토니오에게 코카콜라 병을 그린 작품 두 점을 보여준 적이 있었다. 하나는 추상적 표현주의 양식이었고, 하나는 하드에지hard-edge** 양식이었다. 드 안토니오는 단도직입적으로 말했다. "이봐, 앤디. 추상[추상적 표현주의] 쪽은 영 별로지만 이쪽은 아주 좋아. 저게 바로 우리 사회고, 우리 자신이며, 완벽하게 아름답고 적나라하니까." 그 후 워홀은 이제까지의 기법, 즉 물감 흘리기와 표현주의적 화법을 버리고 대중문화적인 시각적 표현양식에 집중했다. 그러나 팝 아티스트 로이 리히텐슈타인이 그보다 한 발 앞서 만화책 양식을 완성해버렸다.

* 소묘나 제도에서 간격을 좁힌 선을 병렬시키거나 교차시켜 나타낸 그늘

** 1950년대 말 미국에서 시작된 양식으로, 기하학적 도형을 선명한 색채로 구분지은 기하학적 추상화

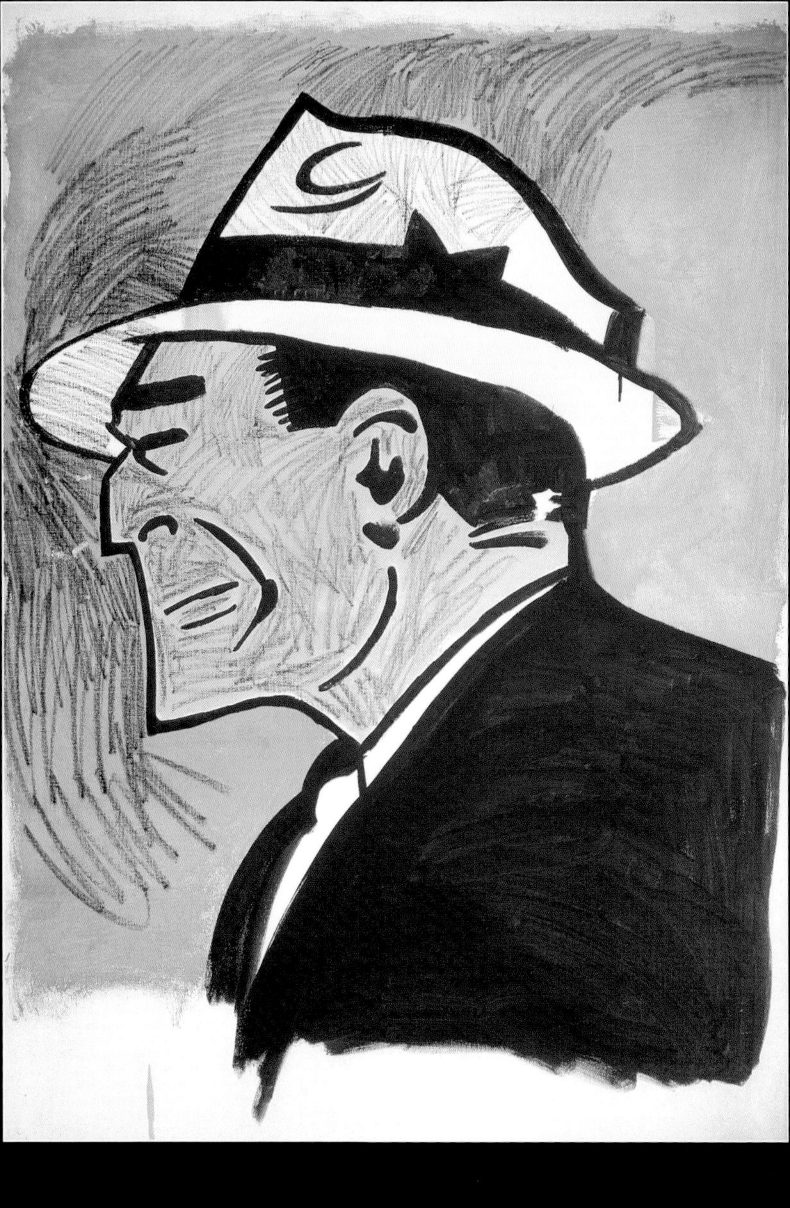

딕 트레이시
Dick Tracy

앤디 워홀, 1960년

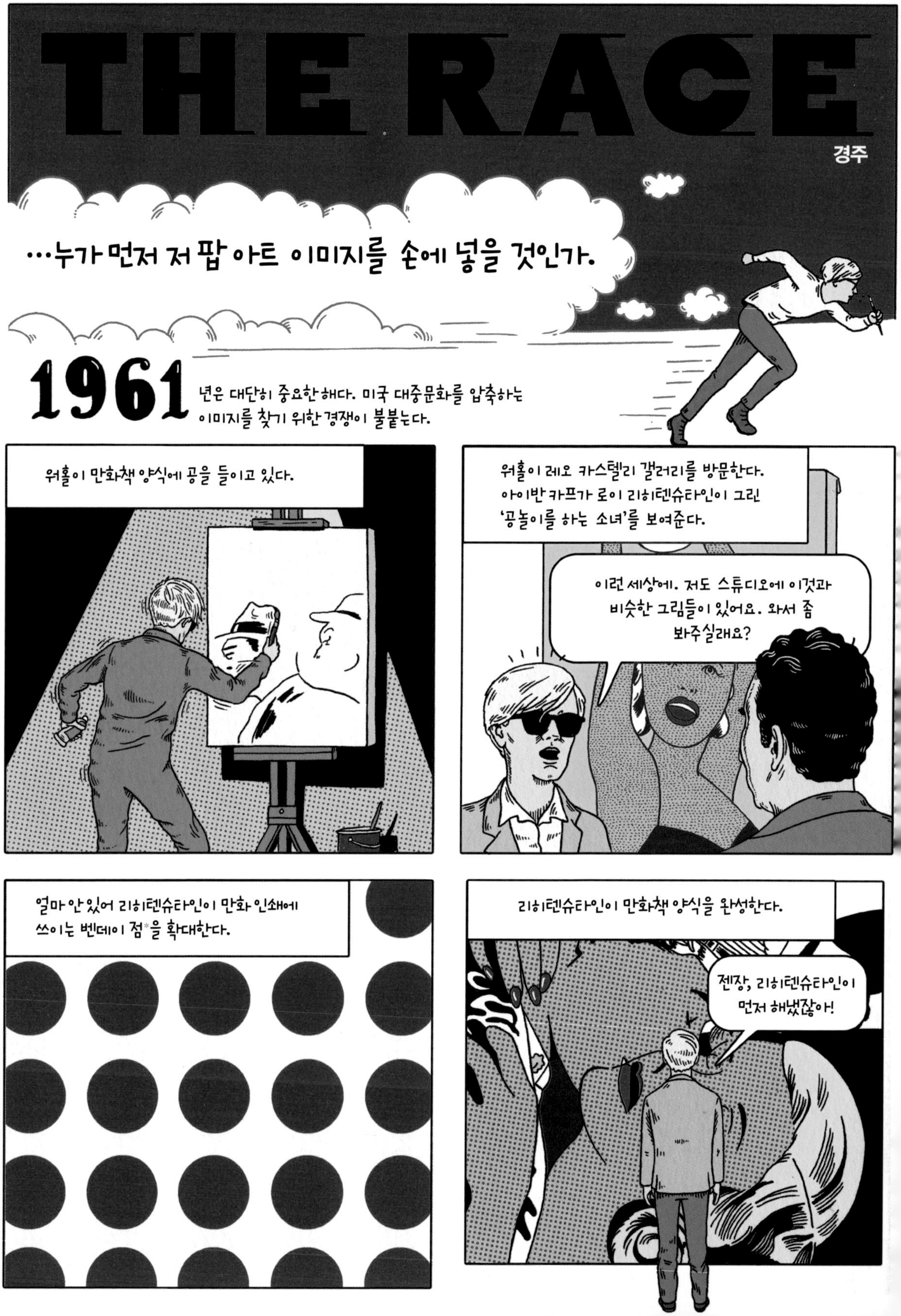
THE RACE
경주
…누가 먼저 저 팝 아트 이미지를 손에 넣을 것인가.
1961년은 대단히 중요한 해다. 미국 대중문화를 압축하는 이미지를 찾기 위한 경쟁이 불붙는다.
워홀이 만화책 양식에 공을 들이고 있다.
워홀이 레오 카스텔리 갤러리를 방문한다. 아이반 카프가 로이 리히텐슈타인이 그린 '공놀이를 하는 소녀'를 보여준다.
이런 세상에. 저도 스튜디오에 이것과 비슷한 그림들이 있어요. 와서 좀 봐주실래요?
얼마 안 있어 리히텐슈타인이 만화 인쇄에 쓰이는 벤데이 점*을 확대한다.
리히텐슈타인이 만화책 양식을 완성한다.
젠장, 리히텐슈타인이 먼저 해냈잖아!

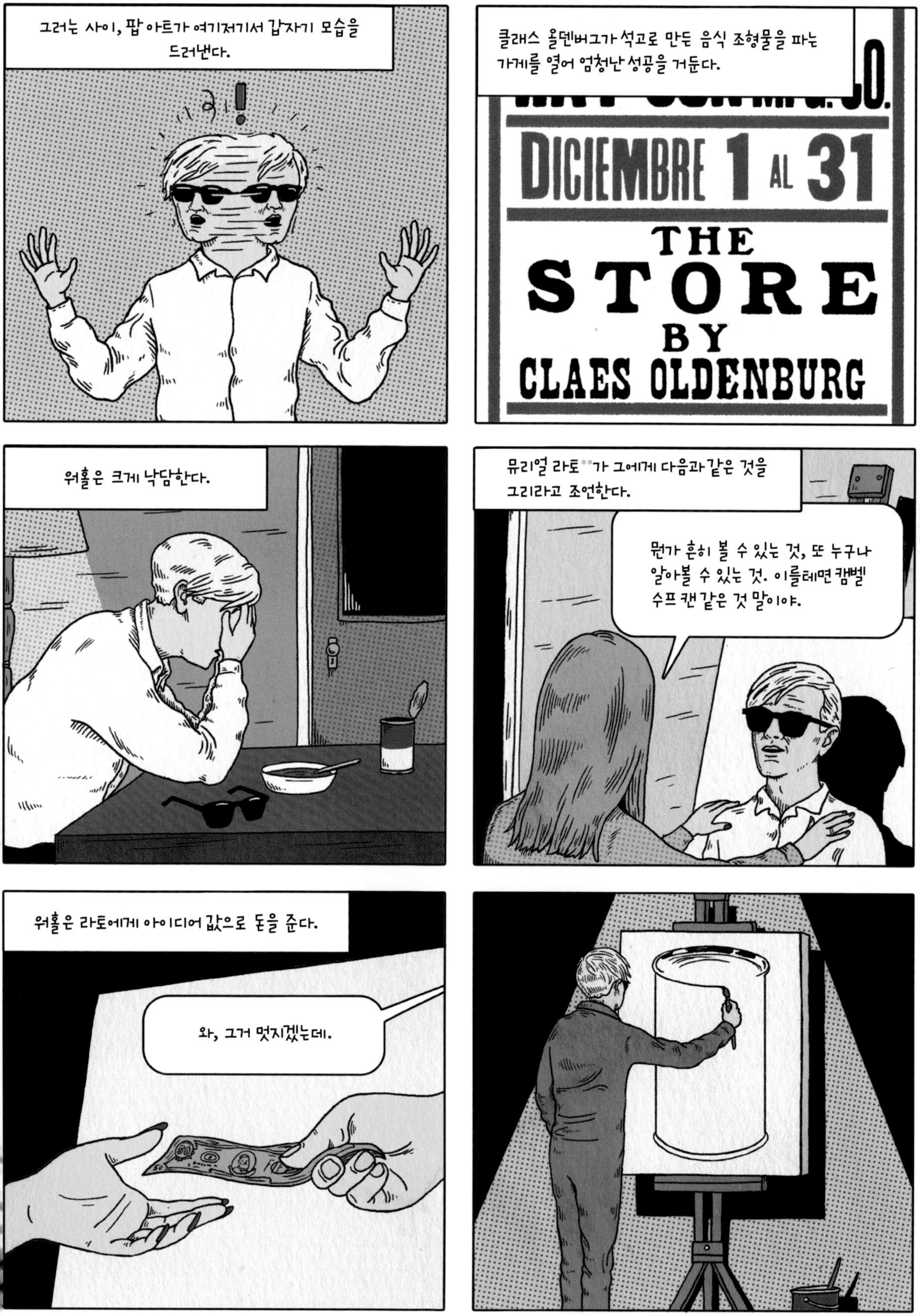
그러는 사이, 팝 아트가 여기저기서 갑자기 모습을 드러낸다.
클래스 올덴버그가 석고로 만든 음식 조형물을 파는 가게를 열어 엄청난 성공을 거둔다.
DICIEMBRE 1 AL 31
THE STORE BY CLAES OLDENBURG
워홀은 크게 낙담한다.
뮤리얼 라토**가 그에게 다음과같은 것을 그리라고 조언한다.
뭔가 흔히 볼 수 있는 것, 또 누구나 알아볼 수 있는 것. 이를테면 캠벨 수프 캔같은 것 말이야.
워홀은 라토에게 아이디어 값으로 돈을 준다.
와, 그거 멋지겠는데.

브랜드와 팝 아트

1962년에 워홀은 캠벨 수프 캔을 그렸다. 지독히도 사실적으로 그린 이 작품에서는 캔에 붙은 라벨까지 실물과 똑같아 보였다. 나중에 이 캔을 주제로 한 이유를 물어보자 워홀은 이렇게 말했다. "내가 바로 그 수프를 먹곤 했으니까요. 매일 점심으로 언제나 그것만 먹었어요." 워홀은 주제를 찾아냈다. 바로 미국 브랜드였다. 그는 캠벨 수프에서 나오는 32가지 수프 캔 전 종은 물론, 코카콜라, 브릴로 수세미, 심지어 미국 달러 같은 유명 브랜드 제품을 그렸다.

워홀에 대해 모르는 게 없는 그루피groupie : 열광적인 팬였던 울트라 바이올렛Ultra Violet은 자서전에서 워홀과 외식을 했던 경험을 재밌게 그린다. "앤디는 내가 메뉴를 고르는 데 얼마가 걸리든 전혀 재촉하는 법이 없다. … 그는 콜라와 치킨 크림수프, 복숭아 통조림, 커피를 시킨다. 내가 주문을 할 때쯤엔 그가 주문한 음식은 이미 나와서 그는 먹기 시작한 후다. '저 웨이트리스는 에티켓이 뭔지 모르네.' 그를 대놓고 비난하고 싶지 않았던 나는 아무 것도 놓여 있지 않은 내 앞과 그의 앞에 놓인 음식을 흘깃 보며 말한다. '에티켓이라면 나도 아주 잘 알고 있어.' 그가 화를 내며 말한다. 에이미 밴더빌트가 쓴 〈에티켓의 모든 것Complete Book of Etiquette〉 삽화를 그린 게 바로 나라고…"

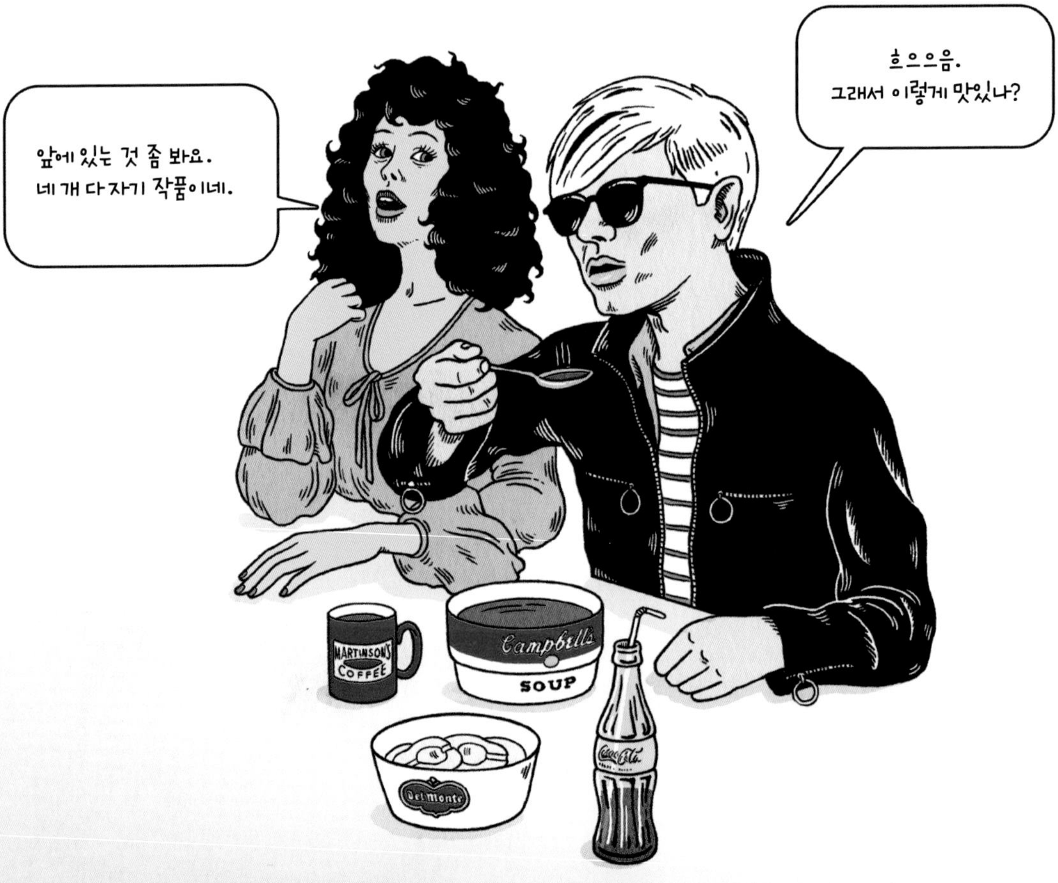

브랜드 스타일

캠벨 실크 스크린 작품은 사실적이고 전혀 가감이 없다. 표현주의적 화법처럼 '예술가연하는' 태도는 찾아볼 수 없다. '있는 그대로 놔두기'가 그가 취한 새로운 태도였다. 이런 화풍에 대중과 비평가 모두 격분했다. 대부분이 모욕감을 느꼈다. 수프 포장재를 그대로 베낀 것일 뿐이지 않은가? 워홀의 표현양식은 냉담하고 허무주의적이라고 해석될 때가 많다. 그러나 워홀은 자기가 그리는 소재를 꾸미지 않는 방법으로 '자연미'를 강조했다.

워홀은 드 안토니오가 "내가 아는 사람 중에 처음으로 상업미술을 진정한 미술로, 진정한 미술을 상업미술로 봐준 사람일 뿐 아니라, 뉴욕 미술계도 그렇게 보게 만들었다"며 공로를 높이 샀다. 워홀은 선명한 색상들로 이루어진 간결한 색채 구성과 고전적인 서체에서 캠벨 라벨이 가진 아름다움을 보았다. 그는 브랜드 신화, 즉 수프 한 접시나 가당 음료수가 약속하는 행복을 긍정적으로 받아들였다. 이주민 가정에서 태어난 그는 이런 가능성이 모든 미국 시민에게 평등하게 주어진다는 점을 높이 샀다. 그가 한 말을 인용하자면, "이 나라가 위대한 점은 미국에서 가장 부유한 소비자들도 가장 가난한 소비자들과 본질적으로 똑같은 것을 구입하는 전통을 만들어냈단 거다. TV에 나오는 코카콜라를 보면 대통령도 콜라를 마시고, 리즈 테일러도 콜라를 마시고, 생각해보면 당신도 콜라를 마실 수 있다는 것을 알게 된다."

팝 아트 가게Pop Shop

1962년에 워홀은 첫 팝 아트 개인전을 열어, 32종 캠벨 수프 캔 전 작을 전시했다. 이 전시에서 그는 공장 제조현장에서부터 슈퍼마켓 시판 단계까지, 브랜드 제품이 거치는 일생을 모방했다. 생산 라인을 그대로 따른 그는 실제 제품 크기 그대로 실크 스크린 크기를 20 × 16인치* 로 하고, 가장 기본적인 토마토 수프부터 최신 상품이었던 체다 치즈 수프까지 브랜드에서 나오는 제품 전 종을 그렸다. 전시회에서는 슈퍼마켓 진열대를 모방해, 각 실크 스크린을 별도의 선반에 하나씩 올려놓은 후, 32개 캔 그림을 일렬로 가지런히 진열해 놓은 식료품이나 잡화처럼 보이게 배열했다. 워홀이 가난하게 컸다는 점을 유념해보면 이런 브랜드 전 종 전시는 풍요로움을 상징했다.

동일하다는 느낌이 캠벨 시리즈의 근간을 이룬다. 그림들은 서로 똑같이 생겼을 뿐 아니라 캔과도 똑같이 생겼다. 반복에 정통했던 워홀은 반복에는 본질적으로 뭔가 사람을 편안하게 해주는 면이 있다고 보았다. 어릴 때 워홀은 자기 집 현관문까지 계단이 전부 몇 개인지 세어보곤 했다. 골동품 세트를 수집했고, 같은 물건을 복수로 사길 좋아했다. 짐작컨대 렉싱턴 애비뉴 저택 방 한 칸은 뜯지도 않은 사탕 봉지들로 가득했을 것이다.

* 약 50.8 cm × 40.6 cm

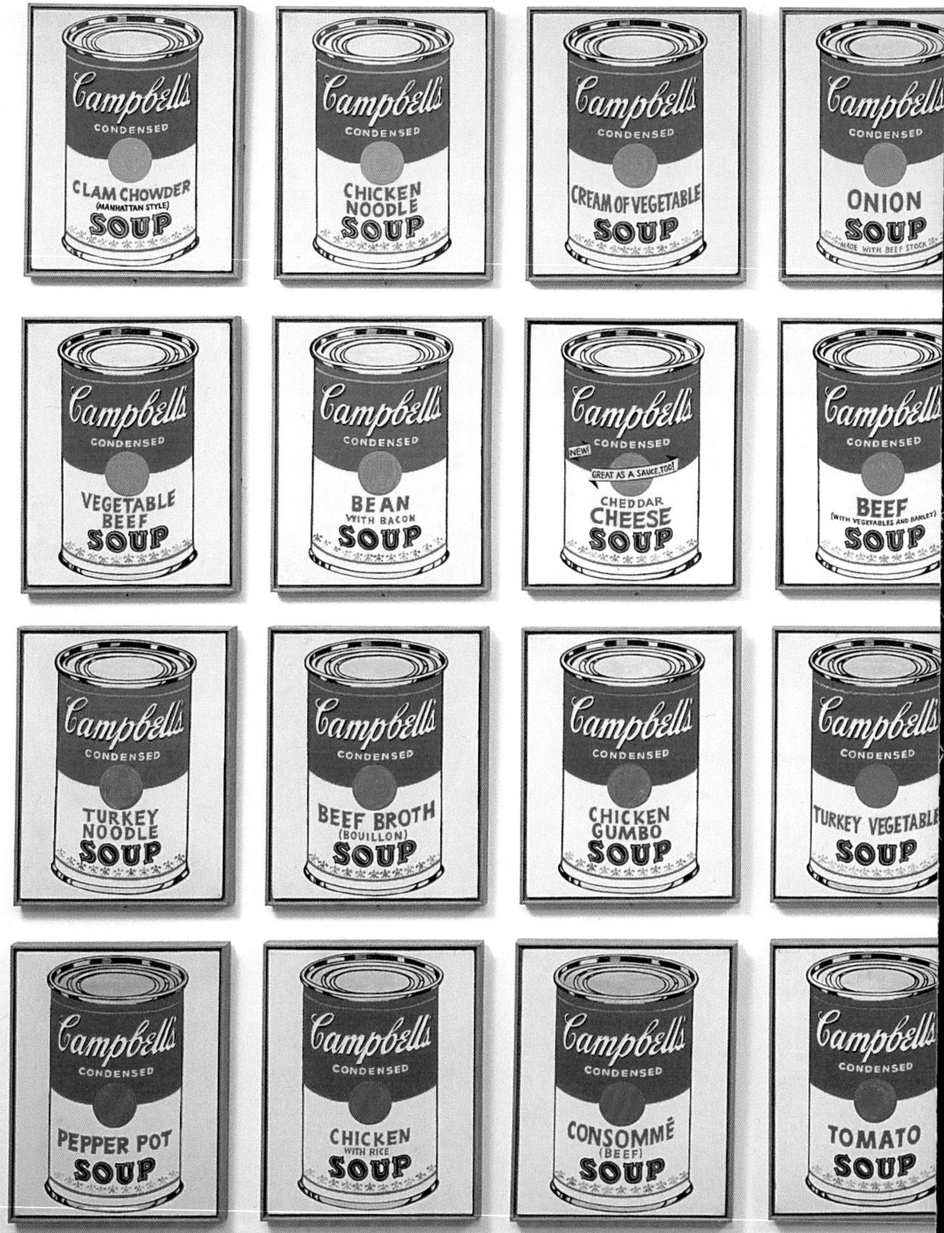
Campbell's
CONDENSED
CLAM CHOWDER
(MANHATTAN STYLE)
SOUP
Campbell's
CONDENSED
CHICKEN NOODLE
SOUP
Campbell's
CONDENSED
CREAM OF VEGETABLE
SOUP
Campbell's
CONDENSED
ONION
SOUP
MADE WITH BEEF STOCK
Campbell's
CONDENSED
VEGETABLE BEEF
SOUP
Campbell's
CONDENSED
BEAN
WITH BACON
SOUP
Campbell's
NEW!
CONDENSED
GREAT AS A SAUCE TOO!
CHEDDAR CHEESE
SOUP
Campbell's
CONDENSED
BEEF
(WITH VEGETABLES AND BARLEY)
SOUP
Campbell's
CONDENSED
TURKEY NOODLE
SOUP
Campbell's
CONDENSED
BEEF BROTH
(BOUILLON)
SOUP
Campbell's
CONDENSED
CHICKEN GUMBO
SOUP
Campbell's
CONDENSED
TURKEY VEGETABLE
SOUP
Campbell's
CONDENSED
PEPPER POT
SOUP
Campbell's
CONDENSED
CHICKEN
WITH RICE
SOUP
Campbell's
CONDENSED
CONSOMMÉ
(BEEF)
SOUP
Campbell's
CONDENSED
TOMATO
SOUP

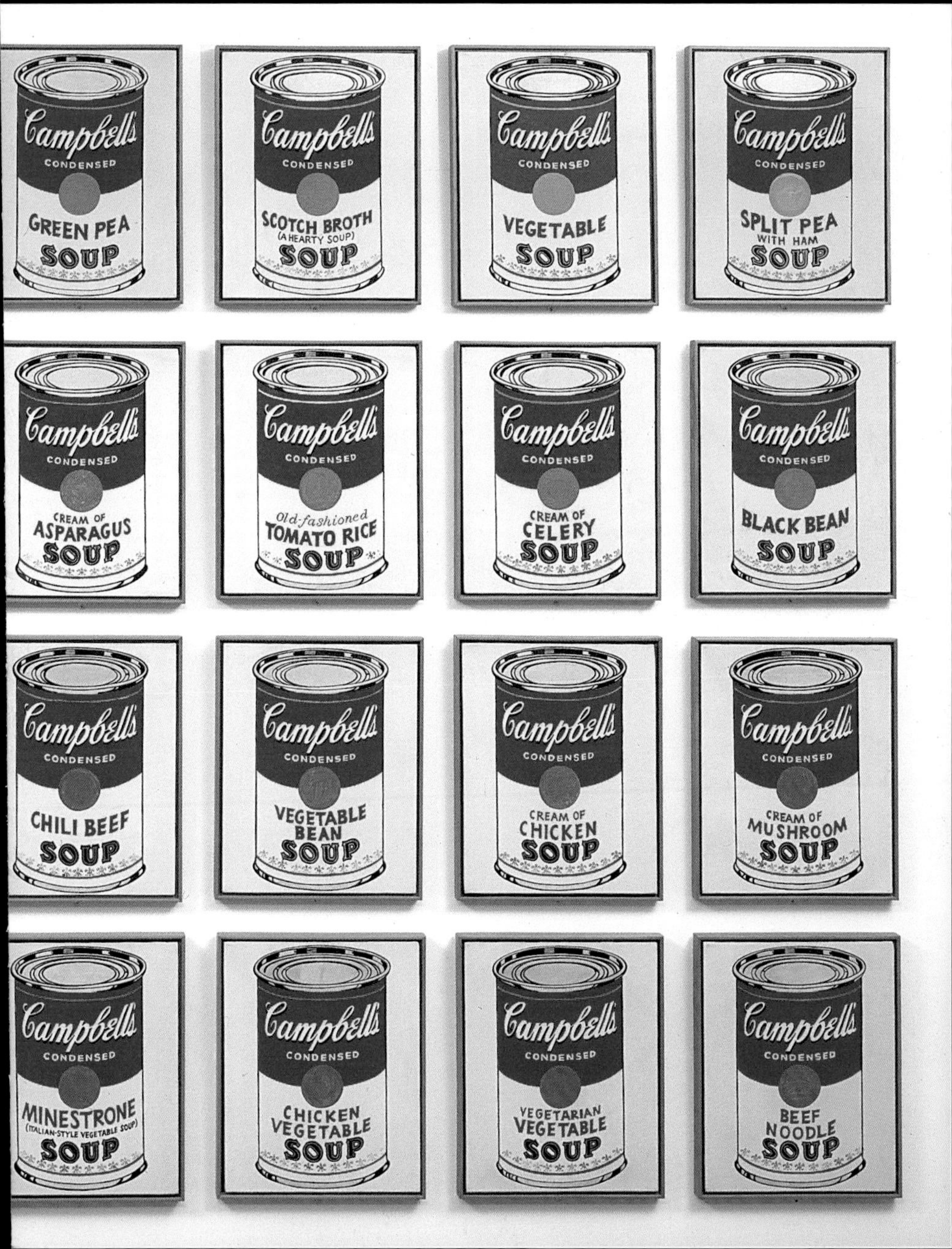

캠벨 수프 캔

Campbell's Soup Cans

앤디 워홀, 1962년

32개 캔버스에 합성 폴리머 페인트
각 20 × 16인치(약 50.8 × 40.6 cm)
뉴욕 현대미술관. 어빙 블룸 기증 ; 넬슨 A. 록펠러의 유증, 윌리엄 A. M. 버튼 부부 기증,
애비 앨드리치 록펠러 기금, 헨리 무어 추모를 위해
니나와 고든 번섀프트 부부 기증, 릴리 P. 블리스의 유증, 필립 존슨 기금,
프랜시스 키츠의 유증. ACC. n.: 476.1996.1-32

워홀이 브랜드가 되다

상업미술가에서 전위예술가로 옮겨가기 위해선 이미지 변신이 필요했다. 수 년 간 초현실주의자 살바도르 달리Salvador Dali는 기행과 괴상한 이미지로 뉴요커들을 즐겁게 했다. 워홀은 생활방식에서 이보다 복합적인 변화를 감행했다. 문화 이론가 아서 단토가 지적하듯이, "[그는] 미술계와 게이 세계라는 두 세계로 들어가는 입구를 찾고 있었다." 새로운 예술양식을 개척한 선구자이자 커밍아웃한 게이였던 존스와 라우션버그는 워홀을 불편해 했다. 워홀이 '너무 세련되다too swish'는 이유에서였다. 작가인 프레드 로렌스 가일스Fred Lawrence Guiles에 따르면 "1949-50년에 동성애자 지하세계는 사회적으로 추방된 지위에 있긴 했지만 적잖은 규범을 따를 것을 요구했다… 무엇을 입었는지 뿐만 아니라 성적으로 무엇을 했는지를 가지고도 자신을 드러냈다. 아직 유행까진 아니었지만 게이들이 막 받아들이기 시작하던 사도 마조히즘적 성향은 가죽옷 차림새로, 그리고 앤디를 비롯해 '일반normal'처럼 보이길 선택한 게이들처럼 가장 극단적인 클로짓 게이* 경우에는 남성적인 평상복 차림새 등으로 말이다."

* 커밍아웃하지 않고 게이라는 사실을 숨기는 게이

** 발목 높이까지 오고 옆 부분은 신축성 있는 소재로 되어 있는 가죽 부츠

*** 리듬 앤 블루스에 맞춰서 추는 일종의 스윙 댄스로 텍사스에서 유행함

언더그라운드 패션 스타일을 따라 워홀은 워홀 하면 떠오르는 대표적인 스타일을 구축했다. 즉 검정색 선글라스와 가죽 재킷, 첼시 부츠**, 청바지였다. 나중에는 삐죽삐죽한 은색 가발도 추가했다. 이런 악동 이미지에도 여전히 남아 있던 '너무 세련된' 면모는 '드렐라Drella'로 드러났다. 드렐라는 드라큘라와 신데렐라를 합친 애칭이었다. 1960년대에 드렐라는 쿨함의 화신 같은 존재가 되었다. 그에겐 전속 록밴드까지 있었다. 그가 매니저를 맡고 있던 벨벳 언더그라운드는 팩토리에서 연주를 했고 앨범 〈드렐라를 위한 노래Songs for Drella〉를 그에게 헌정하기도 했다. 벨벳 언더그라운드의 핵심 멤버였던 존 케일John Cale에 따르면 "앤디 워홀은 아무 것도 하지 않았다." 그는 밴드가 녹음을 하는 동안 스튜디오에 가만히 앉아 있다가 숨을 훅 들이마시며 "오오오, 정말 근사해."라는 감탄사를 내뱉곤 했다. 그는 바나나가 인쇄되어 있는 벨벳 언더그라운드의 유명한 LP판 재킷을 디자인하기도 했다. 앨범 초판은 특히 재치만점이었다. 바나나 껍질을 스티커로 만들어서 껍질을 벗기면 속에 있는 과육이 드러나도록 했으니 말이다. 벨벳 언더그라운드와 함께 그는 '익스플로딩 플라스틱 인에비터블Exploding Plastic Inevitable' 쇼를 주관했다. 이 독특한 즉흥 공연에서 하이라이트는 현란한 섬광등 쇼와 벨벳 언더그라운드 연주였다. 때로는 제라드 말랑가Gerard Malanga가 휩 댄스whip dance***를 추거나 앤디가 직접 감독한 아방가르드 영화를 상영하기도 했다.

작가 스티븐 섀비로Steven Shaviro가 보기에 "워홀이 예술 분야에서 이룬 가장 위대한 업적은 바로 그 자신이다. 공허하고 매혹적인, 그래서 카리스마 있어 보이는 인물로 스스로를 완전히 재탄생시켰으니 말이다." 무표정한 얼굴을 완벽하게 연출했던 워홀은 인터뷰에서 맹한 소년을 연기해, '저런'과 '흠'으로 답을 대신했다. 앤디는 침묵이 가진 힘을 잘 알았다. "나는 수수께끼 같은 존재로 남길 바란다. 절대 나에 대한 정보를 주고 싶지 않다." 워홀에 따르면 "사람들은 언제나 나를 거울이라 부르곤 한다." 누구나 인지하는 성공한 브랜드 제품처럼 말없이 자신을 광고했던 그는 스스로에 대해 아무 것도 노출하지 않았다. 사실상 중요한 건 캔 안에 무엇이 들었는지가 아니라, 시각적 스펙터클이었다. 워홀이라는 브랜드는 뭔가 특별한 것 뿐 아니라 뭔가 아주 멋진 것을 함의했다.

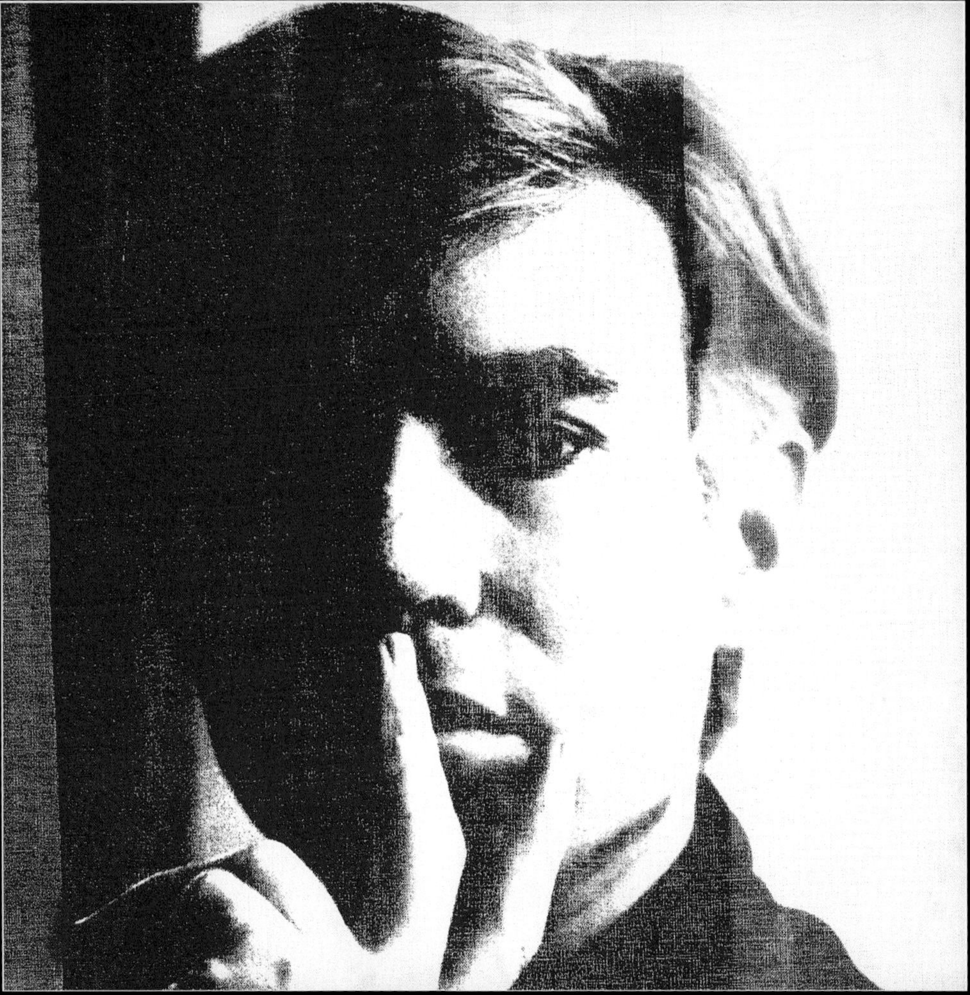

자화상

Self-Portrait

앤디 워홀, 1967년

캔버스에 합성 폴리머와 실크 스크린
72 1/8 × 72 1/8 in(183.2 × 183.2 cm)

워홀 브랜드

첫 실버 팩토리 조수였던 제라드 말랑가도 워홀 스타일을 따라 전형적인 검정색 가죽 재킷을 입고 첼시 부츠를 신었다. 앤디와 닮은꼴이었던 또 한 사람은 에디 세즈윅Edie Sedgwick이었다. 부유하고 외모가 뛰어났던 이 캠브리지 대학교 출신 아가씨는 〈위대한 개츠비〉에 나오는 인물 같았다. '늘 발랄하고 상큼한 얼굴을 한' 세즈윅은 프레피 풍*으로 차려입었고, 세즈윅 특유의 섬세한 스타일은 〈보그〉지를 위해 일하는 고급 패션 사진작가들을 사로잡았다. 세즈윅은 워홀의 뮤즈가 되자 그와 어울리도록 머리를 짧게 자른 후 은색으로 염색하고 주로 검정색 옷을 입었다. 앤디라는 브랜드가 굉장히 잘 나가던 시절에 에디와 앤디는 스타 커플이었다. 너도나도 자기가 여는 파티에 둘이 와주길 간절히 원해서 차를 보내 태워올 정도였다. 펜실베이니아 현대미술관 Pennsylvania's Institute of Contemporary Art에서 앤디 워홀 회고전이 열렸을 때 열광적인 군중은 어떻게든 먼발치에서 얼굴이라도 한 번 보려고 둘의 이름을 연호하며 아우성이었다. 워홀이 회상한 대로, "[그날 밤에는] … 우리가 전시품이었다."

* 고급 사립학교 학생 같은 스타일로, 명품 옷을 소탈하고 편하게 소화하는 게 특징이다.

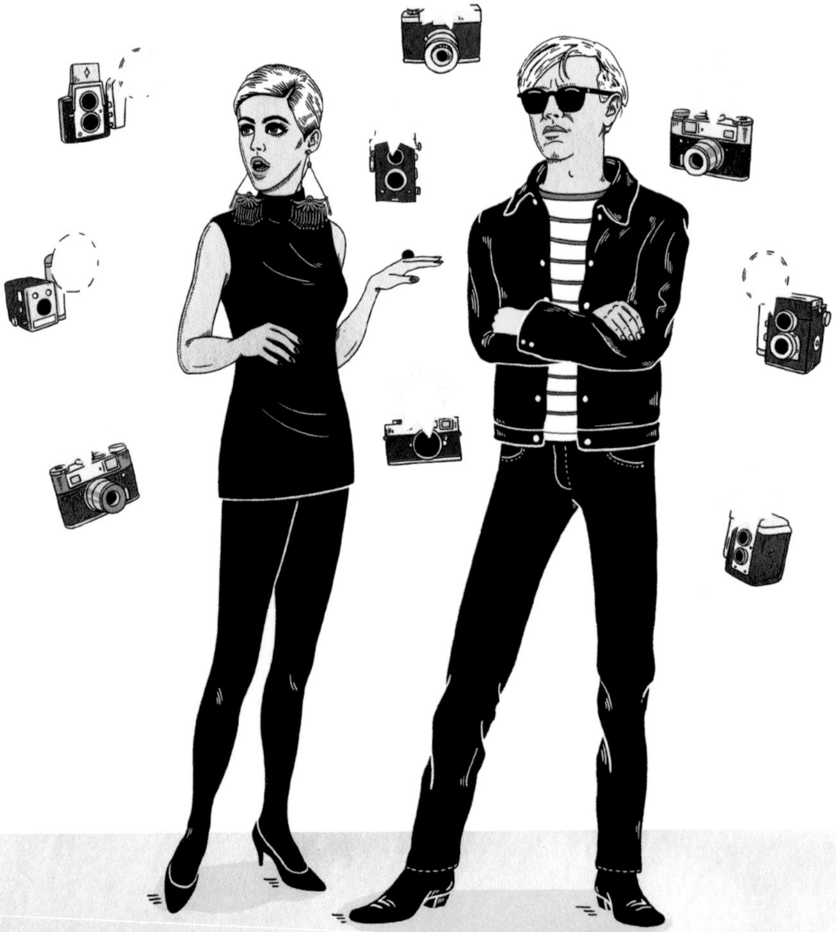

기계 미술 Machine Art

워홀은 이런 유명한 말을 했다. "나는 기계가 되고 싶다." 그는 첫 캠벨 수프 캔을 마치 기계 같이 정밀하게 그렸다. 1962년에 실크 스크린을 시작한 그는 미술이 기계적 공정이 되도록 만들었다. 브랜드 상표와 달러 지폐, 할리우드 스타 같은 대중적 이미지를 사진 같은 실크 스크린으로 바꿔놓았고, 형판template을 잘라내 위에 안료를 굴려 판화를 찍어냈다. 상품 생산 라인을 흉내 내서 복사본을 다수 찍어냈을 뿐 아니라, 여러 다른 색깔로 된 판본을 내놓았다. 워홀은 이 과정에 거의 개입하지 않았다.

1963년 여름, 워홀은 한 시간에 1.25 달러라는 최저 임금으로 제라드 말랑가를 고용했다. 말랑가는 작품을 생산하는 모든 단계에 관여해서, 사진을 편집하고 형판을 잘라내고 채색했다. 얼마 지나지 않아 워홀은 근로자, 그 자신은 '조수assistant'라 부르는 사람들을 더 많이 고용했다. 이들은 느슨하게 돌아가는 조립 라인의 일원이 되었다. 현장 감독인 워홀은 특히 느슨하기 짝이 없었다. 가끔은 워홀이 계획을 세우고, 말랑가는 색채 조합이나 편집을 제안할 때도 있긴 했다. 작품은 다량으로 착착 찍혀 나왔다. 그러나 이런 느릿느릿 움직이는 미술 기계에서 강렬하고 충격적인 예술이 탄생했다.

이런 소극적 제작 과정에 대해서는 다소 오해가 있기도 하다. 절대로 어쩌다 보니 이렇게 된 게 아니었기 때문이다. 카메라 렌즈처럼 워홀은 자신이 살아가는 문화를 확대해서 자세히 들여다보았다. 그의 타이밍과 편집은 정확했다. 그는 당대 관심사에 초점을 두고 사진을 골라냈다. 수전 손태그Susan Sontag가 유명한 저서 〈사진에 관하여On Photography〉에서 한 말을 인용하자면 "세상에 대한 표현이라기보다 세상의 단편들, 즉 현실의 축소판으로 보이는" 것을 말이다. 그런 다음 정곡을 찌르는 이런 세부적 요소들을 강조해서 보여주었다.

할리우드

할리우드는 스타들과 화려한 매력, 명성으로 어린 워홀을 사로잡았다. 1962년에 워홀은 미국 스타와 인기 가수를 주제로 한 실크 스크린 작품을 제작하기 시작했다. 그들을 직접 만나진 않았지만 언론에 실린 사진을 골라내 확대한 후 색을 입혔다. 아무 대가도 받지 않고 유명인들은 앤디의 작품을 팔아준 셈이다. 앤디는 유명인 광고가 가진 힘을 잘 알고 있었다. "좋은 냄새B.O. body odor는 좋은 '매상box office'을 가져온다. 좋은 냄새는 멀리까지 풍긴다. 냄새를 확실하게 풍길수록 냄새는 점점 더 강해지고 냄새가 점점 더 강해질수록 매상은 올라가는 법이다."

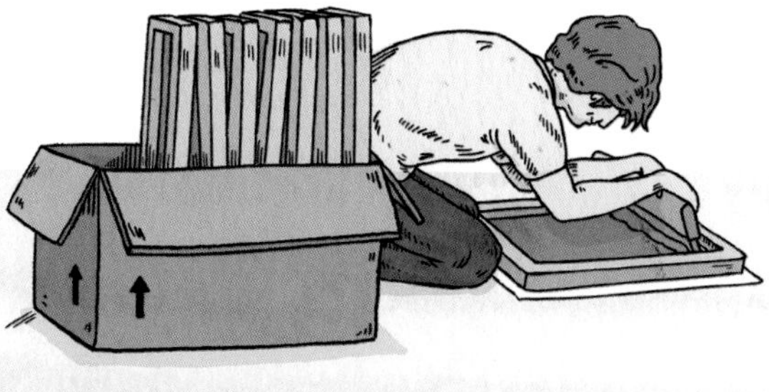

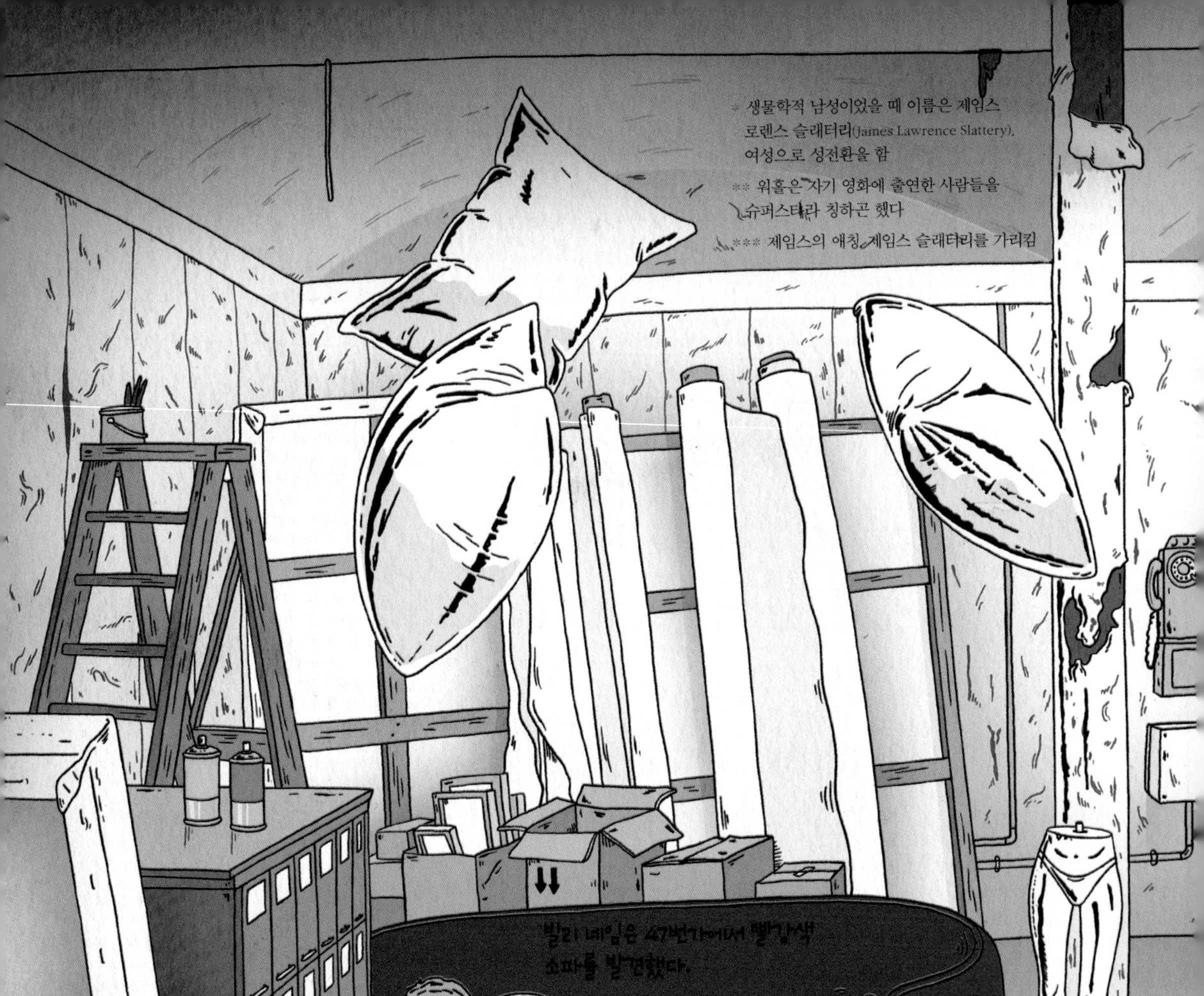

실버 팩토리, 1964-68년

231 East 47th Street, New York

1964년에 앤디는 5층짜리 창고를 빌렸다. 이곳은 앤디와 조수들이 미술작품을 생산하는 전설적인 실버 팩토리가 되었다. 1960년대에 이곳은 뉴욕에서 가장 인기 있는 사교장이 되었다. 실버 팩토리 사진작가이자 한때워홀의 애인이었던 빌리 네임이 이곳을 온통 은빛으로 꾸몄다. 레이놀즈 사에서 나오는 은박지를 벽에 발라서 사방을 약간 주름진 거울로 만들었다. 그 외 모든 것에는 은색 스프레이를 뿌렸다. 엘리베이터 내부, 변기, 하이파이 오디오, 소화기, 심지어 콜라병까지도 말이다. 워홀에 따르면 "무엇보다도 은색은 나르시시즘이었다. 뒷면이 은으로 되어 있는 거울처럼 말이다." 많은 사람들이 벗고 돌아다녔다. 꽤 살집이 있던 브리짓 베를린도 자주 가슴을 드러냈고, 그루피인 에릭 에머슨은 성기에 금칠을 했다. 관음증적인 면이 있었던 워홀은 예를 들면 캔디 달링* 같은 슈퍼스타들** 이 한껏 치장하고 우쭐대는 모습을 말없이 지켜보았다. 캔디 달링의 어머니는 이렇게 인정하기도 했다. "나로선 지미*** 를 말릴 수가 없었어요. 캔디가 얼마나 아름다웠는데요."

* 생물학적 남성이었을 때 이름은 제임스 로렌스 슬래터리(James Lawrence Slattery), 여성으로 성전환을 함

** 워홀은 자기 영화에 출연한 사람들을 슈퍼스타라 칭하곤 했다

*** 제임스의 애칭, 제임스 슬래터리를 가리킴

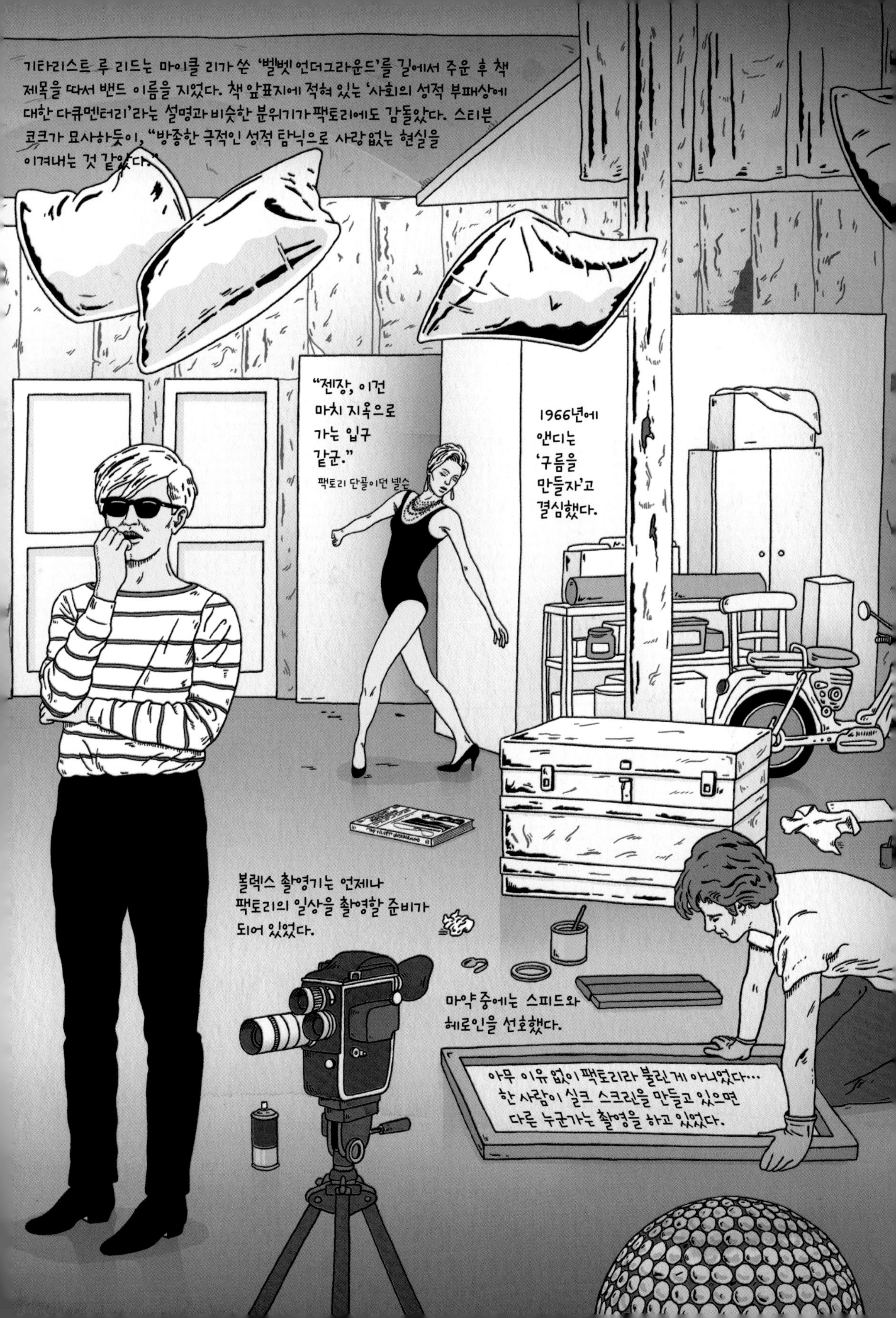
기타리스트 루 리드는 마이클 리가 쓴 '벨벳 언더그라운드'를 길에서 주운 후 책 제목을 따서 밴드 이름을 지었다. 책 앞표지에 적혀 있는 '사회의 성적 부패상에 대한 다큐멘터리'라는 설명과 비슷한 분위기가 팩토리에도 감돌았다. 스티븐 코크가 묘사하듯이, "방종한 극적인 성적 탐닉으로 사랑 없는 현실을 이겨내는 것 같았다."
"젠장, 이건 마치 지옥으로 가는 입구 같군."
팩토리 단골이던 넬슨
1966년에 앤디는 '구름을 만들자'고 결심했다.
볼렉스 촬영기는 언제나 팩토리의 일상을 촬영할 준비가 되어 있었다.
마약 중에는 스피드와 헤로인을 선호했다.
아무 이유 없이 팩토리라 불린 게 아니었다… 한 사람이 실크 스크린을 만들고 있으면 다른 누군가는 촬영을 하고 있었다.

마릴린의 한순간을 포착하다

1962년 8월 5일, 스타 배우이자 우상이던 마릴린 먼로가 약물 과다복용으로 사망했다. 워홀은 이게 흥미로운 이야깃거리가 될 거라 직감했다. 워홀 그루피였던 울트라 바이올렛에 따르면 워홀은 죽음이 잘 팔린다는 것을 언제나 잘 알고 있었다. 바이올렛은 워홀에게 "매디슨 애비뉴*가 어떤 식으로 죽음을 상징하는 것들을 이용해서 사람들을 유혹하는지 알죠?"라고 말했던 걸 기억한다. "[워홀은] 그 방면에 대가였죠."라고 바이올렛은 평가했다. '타이밍이 전부다.'라는 걸 알았던 워홀은 마릴린 먼로가 사망한 바로 다음날 마릴린 먼로 소속사에 전화를 걸어 마릴린 먼로 홍보용 스틸 사진 판권을 샀다. 1962년에서 1968년 사이 다양한 판본들이 대담한 빨강색, 형광 파랑색, 쨍한 초록색, 심지어 은색과 금색처럼 멋진 팝 아트적 색깔을 입고 출시되었다. 마릴린 초상화는 수천 점이 팔렸고, 나중에는 판매량이 수백만 점에 이르기까지 했다.

* 미국 광고업계를 의미

디테일에 살고 죽다

마릴린 초상화는 핵심에 죽음이 있긴 하지만 살아 있는 마릴린 먼로의 정수 역시 담고 있다. 여배우 알린 달Arlene Dahl은 마릴린 먼로가 가진 매력을 이렇게 설명한다. "진정 마법과 같았다. 좌중을 그렇게 꼼짝 못 하게 홀리는 사람은 본 적이 없다… 사람들은 누구나 그저 마릴린 가까이에 서서 마릴린의 향기를 맡고 같은 공기를 마시고 싶어 했다." 확대된 홍보용 사진은 '진짜' 마릴린과 그런 마릴린이 가졌던 매혹적인 분위기를 직접 마주하게 한다. 워홀은 밝은 색으로 마릴린이 가진 특색을 강조한다. 즉 머리색은 화려한 금색으로, 입술은 진홍색으로, 아이섀도는 청록색으로 말이다. 이런 야단스럽고 현란한 색조는 화려한 할리우드를 상징한다.

철학자이자 문화 이론가 롤랑 바르트Roland Barthes는 위대한 사진에는 사람의 허를 찌르는 디테일이 들어 있다고 주장한다. 바르트는 이를 사진의 '푼크툼punctum'이라 부르면서, '따끔하게 폐부를 찌를 뿐 아니라 상처도 입히는 돌발적인 사건'이라고 설명한다. 이 작품에서 그렇게 허를 찌르는 디테일은 바로 마릴린의 입술이다. 마릴린은 카메라를 향해 웃고 있지만 입술은 경직되어 있다. 아랫입술을 지그시 깨물어 치아 모서리가 입술에 닿아 있다. 불안감을 암시하는 이런 모습은 '힘들이지 않고 지극히 자연스럽게 발휘된' 매력이라는 환상을 깨뜨린다. 어쩐지 비극적인 마릴린, 즉 마약과 알코올 중독에, 연이은 불행한 연애로 고통 받았던 인간이 느껴진다. 미술 평론가 마이클 프리드Michael Fried는 워홀이 마릴린 초상화들에서 절정에 이른 감각을 과시했다고 보았다. '우리 시대 대표적 신화 중 하나에서 진정 인간적이고 애처로운 무엇'을 포착했다고 말이다.

〈마릴린 먼로의 입술Marilyn Monroe's Lips〉에서 워홀은 마릴린 먼로의 입술만 뽑아내 이 이미지를 연속적으로 반복한다. 아마도 워홀은 마릴린 먼로가 죽기 몇 달 전인 1962년 5월 19일에 '생일 축하해요, 대통령 각하Happy Birthday Mr. President'를 부르고 나서 케네디 대통령에게 손으로 키스를 날렸던 악명 높은 공연을 암시하려는 걸지도 모른다. 먼로와 대통령이 불륜 관계라는 건 널리 알려진 사실이었다. 팜 스프링스에서 두 사람이 주말을 함께 보낼 때는 대통령 경호대가 동행할 정도였다. 워홀은 앞으로는 누구나 15분 동안은 유명해질 수 있을 거라고 말했다. 워홀은 한 캔버스에 마릴린 먼로의 입술을 연이어 반복해서 싣는 방법으로, 입술 하나가 마릴린에게 한순간씩을 더하게 해서 마릴린의 이런 15분을 늘려준다.

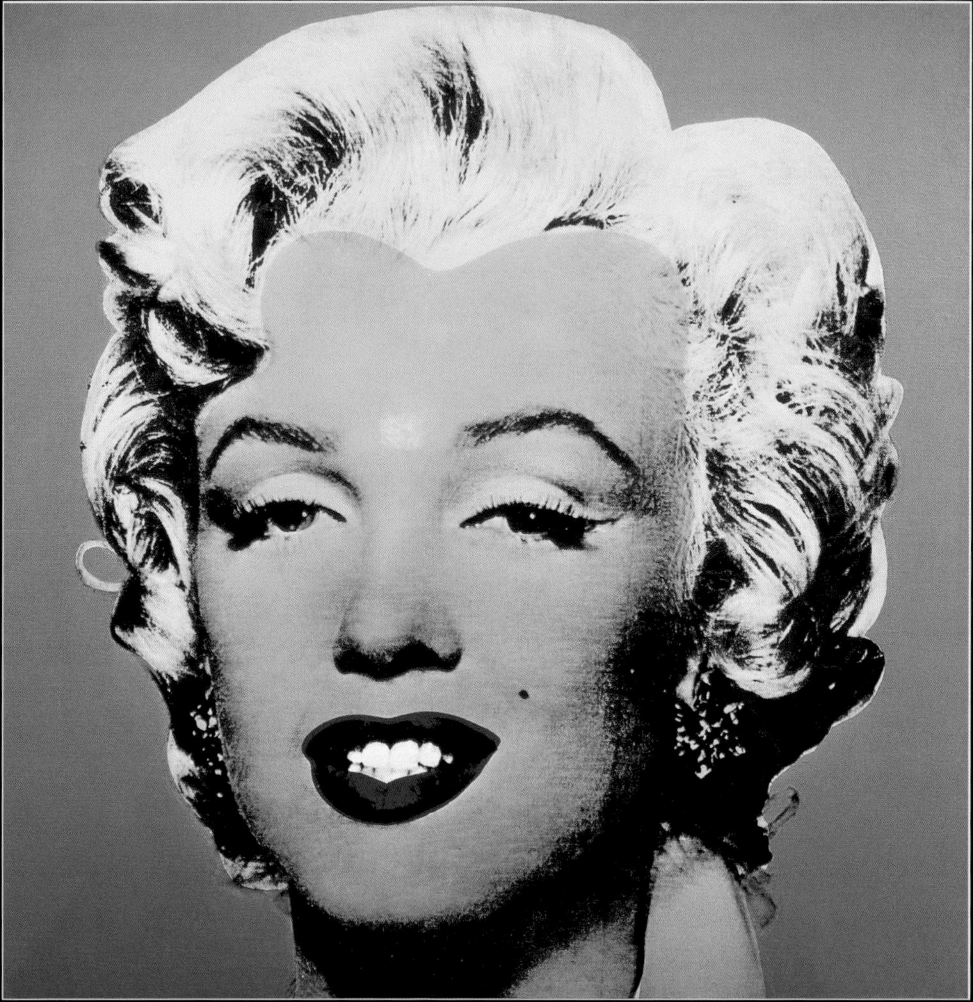

마릴린
Marilyn

앤디 워홀, 1964년

캔버스에 합성 폴리머 페인트와 실크 스크린 잉크
40 × 40 in(101.6 × 101.6 cm)

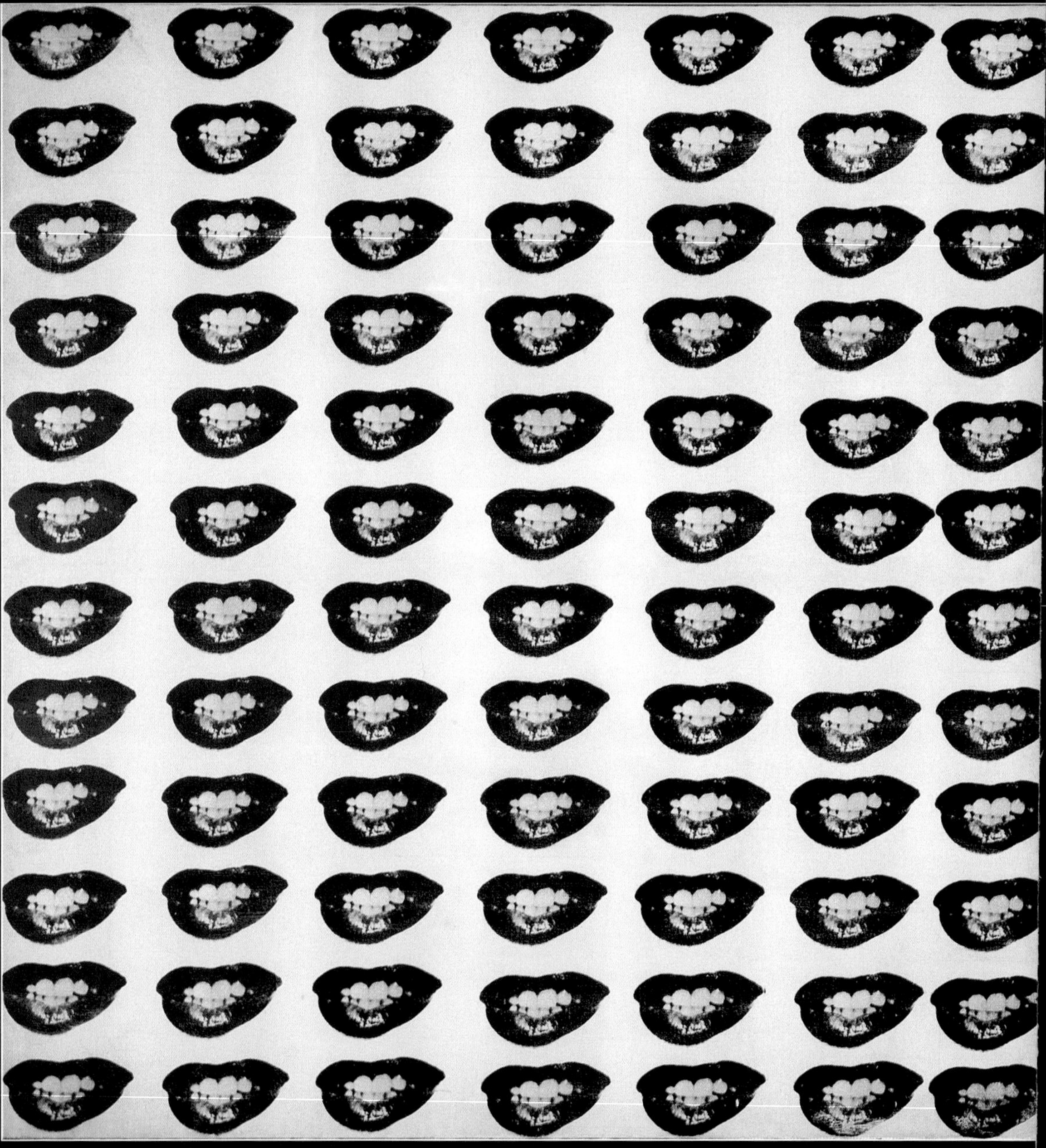

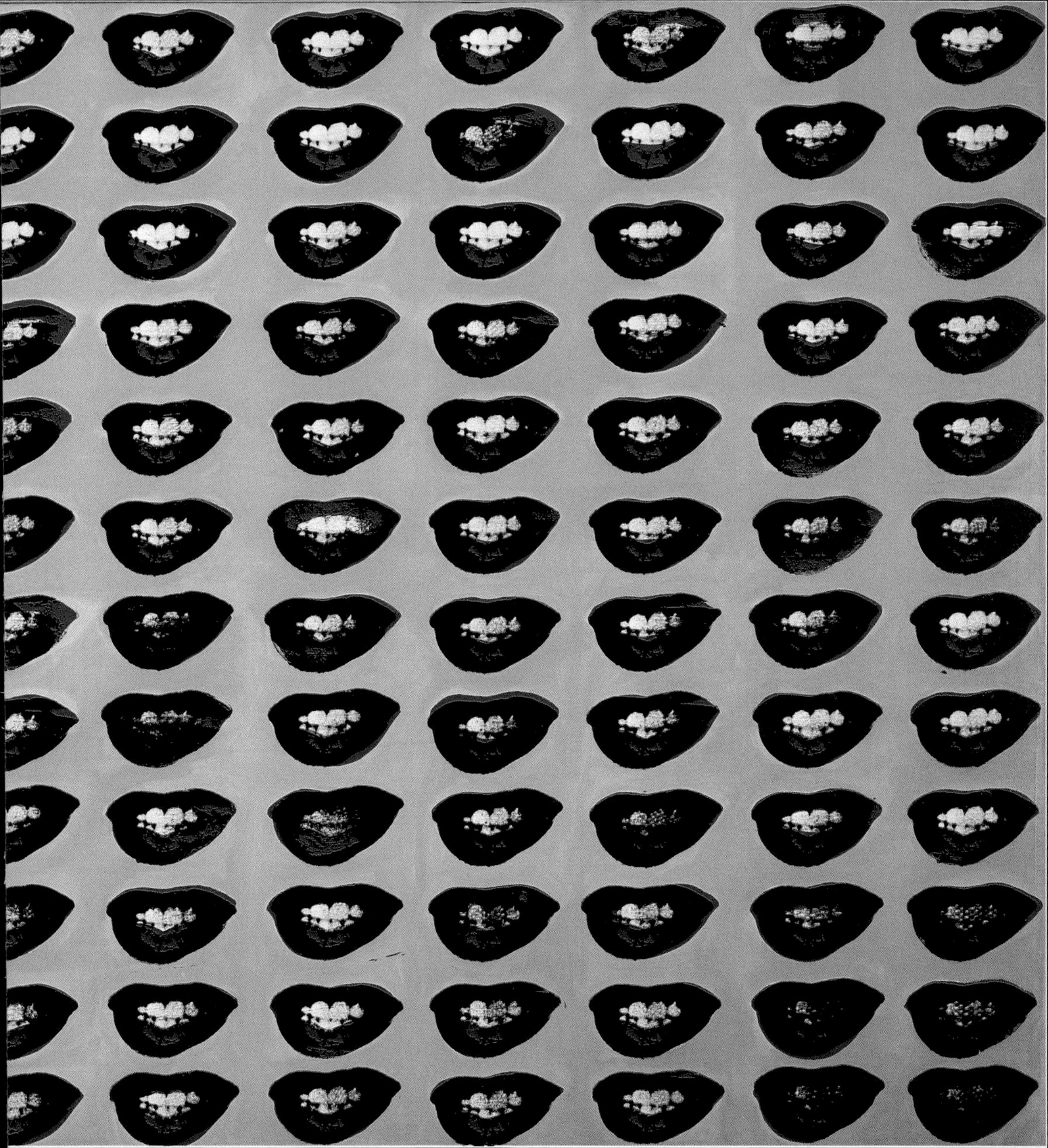

마릴린 먼로의 입술
Marilyn Monroe's Lips

앤디 워홀, 1962년

총알 마릴린

마릴린 실크 스크린 중 네 점에는 마릴린의 이마를 관통한 총알구멍이 있는 게 특징이다. 이런 작품이 탄생한 내력은 앤디의 그루피 중 한 명과 관련이 있다. "어느 날 도로시가 가죽 옷을 입고 역시나 가죽 옷을 입은 친구들 여럿과 함께, 천연 털가죽을 두른 그레이트데인 종 개까지 한 마리 데리고 찾아왔다. 도로시는 끼고 있던 긴 가죽 장갑을 벗더니 권총을 꺼내들고 워홀을 겨냥했다. 그리고는 아주 순식간에 총구를 돌려 벽에 기대서 포개놓았던 마릴린 먼로 초상화들을 쏴버렸다."

여기서 말하는 '도로시'는 도로시 포드버Dorothy Podber였다. 도로시가 떠난 후 워홀은 빌리 네임을 돌아보며 이렇게 말했다. "도로시가 다신 이러지 못하게 해줘." 한때 '끝내주게 멋진 악녀'로 불리던 도로시는 심각한 약물 복용 문제가 있었을 뿐 아니라 한동안 불법 낙태 클리닉을 운영하기도 했다. 도로시는 팩토리에 출입을 금지 당했다. 이 사건은 불길한 전조였다. 4년 후엔 팩토리 단골이자 페미니스트인 발레리 솔라나스Valerie Solanas가 팩토리에 들어와 워홀의 가슴을 총으로 쏘는 사건이 벌어졌으니 말이다. 워홀은 망가진 캔버스들을 복구하지 않기로 했다. '총 맞은 마릴린The Shot Marilyn'이라는 제목을 단 이 작품들은 마릴린 초상화를 통틀어 최고가에 팔렸다.

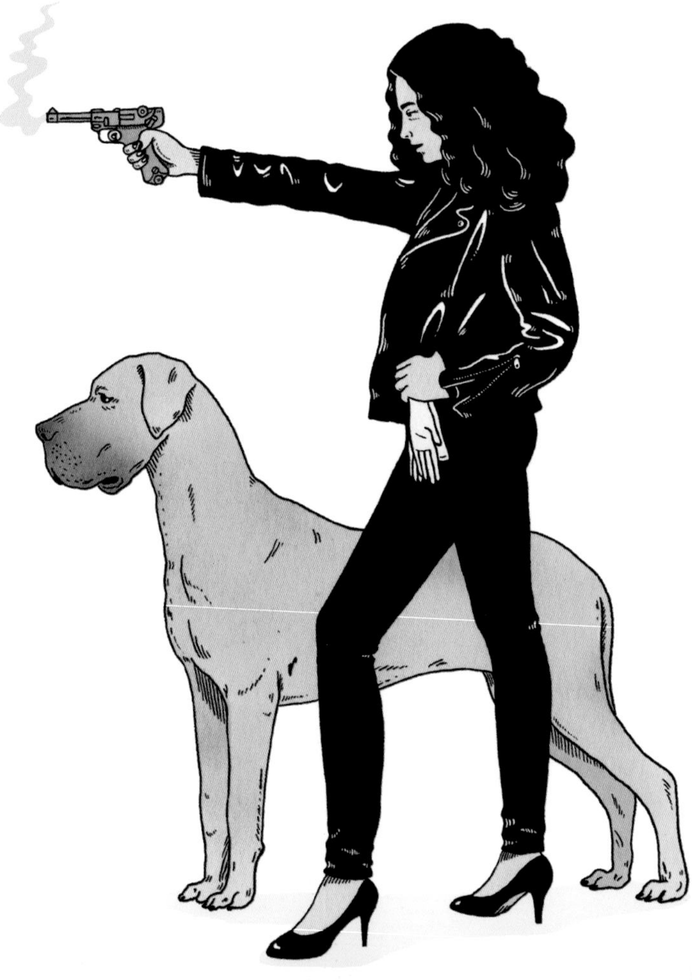

'죽음과 재난' 시리즈

'죽음과 재난' 시리즈는 미국적인 모든 것을 낙관적으로 받아들였던 초창기 팝 아트 이미지들과 상반된 시각을 드러낸 작품들이다. 메트로폴리탄 현대미술관 큐레이터 헨리 겔트잘러Henry Geldzahler는 잠시 워홀을 담당했을 때 그에게 단호하게 말했다. "인생에 대한 긍정은 이걸로 충분해… 수프와 콜라 병에 대한 긍정도 이만하면 됐어. 어쩌면 미국적인 모든 게 그렇게 멋지기만 한 건 아닐지도 몰라. 이제 죽음을 이야기할 때가 왔어." 마릴린 초상화 이면에는 비극적 의미가 숨어 있긴 하지만 여기서 마릴린은 굉장히 생기 넘치고 근사해 보인다. 마릴린 초상화는 위대한 미국적 아름다움을 표상하는 대표적 핀업 화보처럼 받아들여지는 게 일반적이다.

'죽음과 재난' 시리즈는 적나라하고 엄혹한 이미지를 보여준다. 〈자살Suicide〉에서는 어떤 사람이 빌딩에서 뛰어내리고 있고, 〈자동차 사고Car Crash〉에서는 피범벅이 된 시체가 땅 위에 나뒹굴고 있다. 모든 작품이 보도 사진을 기초로 나중에 확대해서 채색한 것이다. 워홀에 따르면 겔트잘러가 이 시리즈에서 첫 번째 작품인 '비행기 사고로 129명이 죽다 129 Die in Jet'를 위한 '아이디어를 제공했다.' 점심을 같이 먹던 중 겔트잘러가 여객기 사고가 실린 〈뉴욕 미러New York Mirror〉 지 1면을 가리키며 이게 좋은 주제가 될 수 있을 거라고 귀띔했던 것이다. 워홀은 그의 아이디어가 마음에 들었다. 〈비행기 사고로 129명이 죽다, 1963〉은 바로 이 1면을 잘라내 탄생했다. 평소 같으면 대중은 희생자 129명에 대해 대충 읽고 잊어버릴 테지만 워홀은 이들에게 유명세를 누릴 수 있는 15분을 선사한다.

보통은 캔버스에 마릴린 먼로의 입술처럼 이런 죽음이나 재난 장면을 연속적으로 반복해서 일상생활에서 이런 이미지들이 홍수처럼 쏟아져 들어오는 양상을 모방한다. 워홀은 TV세대가 재난에 무감각해져 동정심조차 거의 느끼지 못하게 되어가고 있다는 점을 알아차렸다. 그가 말했듯이 "사람들은 무심히 스쳐 지나갈 뿐, 모르는 누군가가 죽었다는 사실은 그들에게겐 그렇게 중요하지 않다." 워홀의 손에서 반복은 진실을 찾는 탐침이 된다. 반복은 직면을 불가피하게 만든다. 반복으로 인해 관람자는 마침내 각성에 이를 때까지 보고 또 보고 다시 보다… 공포와 비극을 새로운 방식으로 경험하게 된다.

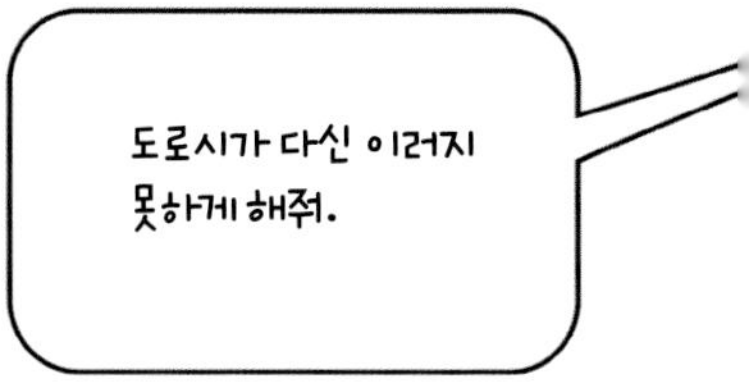

전기의자

'죽음과 재난' 시리즈에는 논란을 불러오거나 정치적 죽음을 다룬 이미지들도 등장한다. 워홀은 영부인 재키가 존 F. 케네디가 암살당한 후 슬퍼하는 모습을 보여준다. 그는 공개 처형장도 보여준다. 1963년 8월 15일, 에디 리 메이스Eddie Lee Mays가 살인 및 강도죄로 전기의자에서 사형을 당했다. 뉴욕에서 마지막으로 집행한 사형이었다. 마릴린에서 그랬듯이 흥행사 기질이 있는 워홀은 시대정신을 이용해서 당대의 주요 관심사를 포착해 액자에 끼워 팔았다.

워홀은 무감각한 기계를 자처했다. 그러나 〈작은 전기의자Little Electric Chair〉는 감정적 호소력이 대단한 장면이다. 울트라 바이올렛이 말했듯이 "가슴이 아파온다." 이런 감동은 워홀이 감정적 개입을 하지 않는 것, 그래서 사건을 미화하거나 의견을 표명하길 거부하는 태도와 연관이 있다. 오래된 사진을 새로운 방식으로 보여주는 방법으로 워홀은 사회를 비추는 거울 역할을 한다. 칼 융은 거울이라는 강력한 원형archetype이 어떤 영향력을 갖는지에 대해 이렇게 설명한다. "누구든 거울 같은 수면을 들여다보는 사람은 가장 먼저 자기 얼굴을 보게 된다. 누구든 자기 자신을 들여다본 사람은 스스로를 직면하는 위험에 처한다. 거울은 거짓말을 하지 않는다. 그 안에 비치는 게 무엇이든 충실하게 보여준다. 즉 배우가 쓰는 가면인 페르소나persona*로 가린, 바깥세상에는 절대 보여주지 않는 얼굴을 말이다. 그러나 가면 뒤에 놓인 거울은 진짜 얼굴을 보여준다." 이런 거울 경험에는 공포가 뒤따른다. 동화 〈백설 공주〉에서 마녀가 "내가 들고 있는 마법 거울아, 이 세상에서 누가 제일 예쁘지?"라는 말을 되풀이해 읊조릴 때 연상되는 게 바로 이런 두려운 순간이다. 워홀이라는 거울은 무자비하다. 인간은 인간이 가진 진정한 추함을 마주한다.

* 가면, 또는 가면인격. 다른 사람들에게 보여주는 외적 인격

이 작품은 처형장 안으로 보는 이를 이끈다. 전기의자가 으스스한 빈 방에 놓여 있다. 뭔가 살아 있는 것을 느낄 수 있는 어떤 기미도 없다. 사람들도 없고, 소리도 없고, 움직임도 없다. 우리는 무기력한 마비 상태에 처한다. 그리고는 이런 살아 있는 것의 부재에서 상실, 즉 앗아갔거나 앗아가게 될 생명을 느끼게 된다. 실제 처형장을 마주하면서 논쟁과 주장은 설 자리를 잃는다.

정숙靜肅하시오

철학자 롤랑 바르트 이야기로 돌아가 보자면, 그가 생각하기에 위대한 사진에는 '보는 사람이 정해진 틀을 벗어나게 하고, 내가 사진을 살아 움직이게 하고 사진이 나를 살아 움직이게 하는 바로 그 지점'인 세부적 요소가 존재한다. 〈작은 전기의자〉에서 이런 세부적 요소는 바로 '정숙하시오'라고 쓰인 푯말이다. 이 말은 한 사람이 죽고 다른 사람들은 그가 고통 받는 모습을 선택의 여지없이 지켜봐야만 하는 현장과 너무나 어울리지 않는 것 같아 보인다. 〈정숙하시오〉라는 말은 '폐부를 찌른다.' 사람들은 누구도 듣길 원치 않는 소리와 음성을 듣고 만다. 즉 공포와 죄책감, 고통에 찬 절규를 말이다.

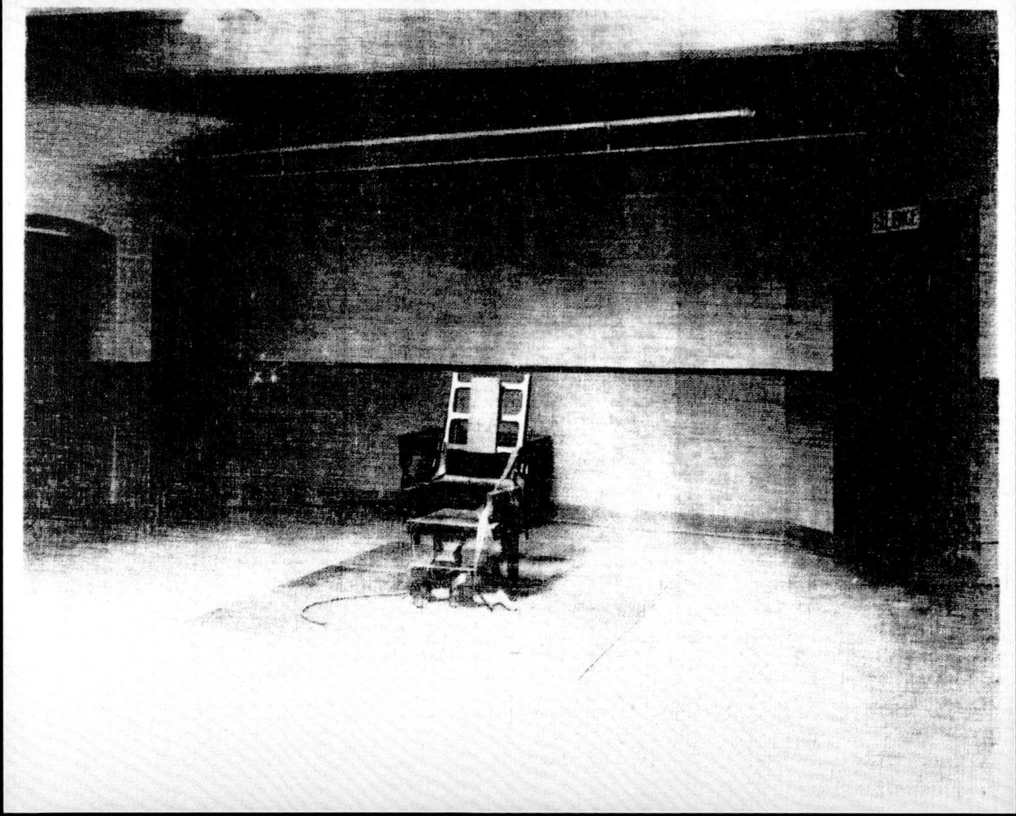

작은 전기의자

Little Electric Chair

앤디 워홀, 1965년

캔버스에 합성 폴리머 페인트와 실크 스크린 잉크
22 × 28 in (55.88 × 71.12 cm)

앤디의 우주

워홀은 팩토리에서 보낸 삶은 "파티의 연속이었다. 즉 아무도 주말을 하루하루 따로 구별하지 않았고 그냥 모든 게 다른 모든 것으로 끊임없이 이어질 뿐이었다." 고 말했다. 그렇지만 그런 느긋한 일정 너머에는 고도로 조직화된 사회 질서가 존재했다. 작가인 스티븐 코크는 워홀의 세계를 태양계에 비유한다.

침묵 속에 누구와도 눈을 맞추지 않으려 하는 워홀이 중심에 있었다. 워홀이 태양이었고, 그의 주위를 사람들이 각자 행성이 되어 궤도를 따라 돌고 있다.

제라드 말랑가와 빌리 네임이 워홀 가장 가까이에 있었다. 네임은 팩토리에 있는 암실 뒤편에 화장실을 만들어놓고 팩토리에서 잠을 잤다. 팩토리 세계에 질서를 가져온 네임은 팩토리의 모든 것을 관리 감독했다.

다음 궤도에는 팩토리 단골들이 있었다. 암페타민 중독자였던 온딘과 나체로 롤러스케이트를 탔던 테일러 미드가 그들이었다.

워홀 우주를 구성하는 가장 연약한 존재들은 슈퍼스타들이었다. 에디 세즈윅 같은 인기 있는 아름다운 아가씨들이 궤도를 벗어나기 전까지 잠시나마 햇볕을 받는 은총을 누렸다. 슈퍼스타 한 명이 사라지면 새로운 슈퍼스타가 그 자리를 채웠다. 에디의 뒤를 이어 벨벳 언더그라운드에서 노래를 맡았던 니코가 실버 팩토리의 '달의 여신'이 되었다.

슈퍼스타들 다음에는 유력인사 집단이 위치한다. 워홀이 의지했던 갤러리 주인, 평론가, 후원자들이다. 다음으로 이따금 잠깐씩 들르곤 하던 유명 인사들이 있었다.

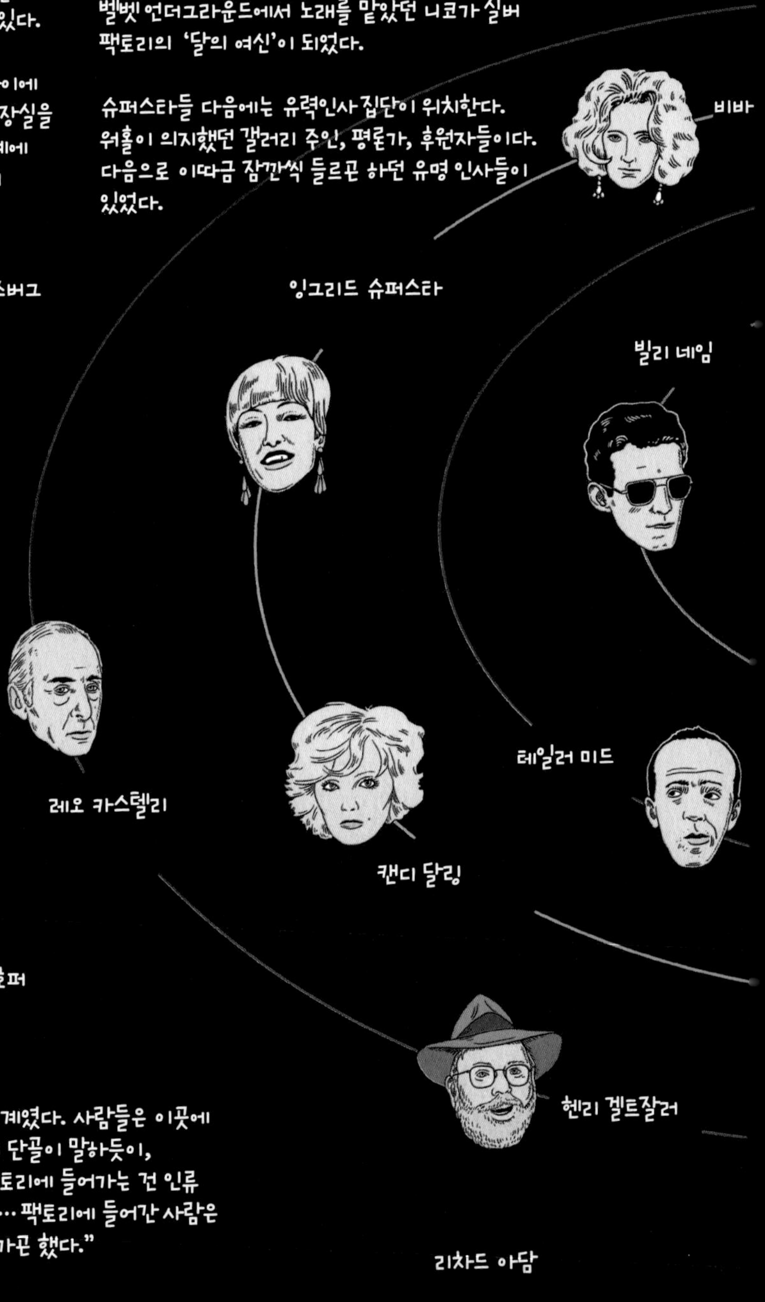

별똥별

뉴욕에서 실버 팩토리는 제일 잘 나가는 사교계였다. 사람들은 이곳에 입장을 허락받으려 안달이었다. 어느 팩토리 단골이 말하듯이, "젊은이들은 팩토리에 완전히 사로잡혀… 팩토리에 들어가는 건 인류 최후의 낙원에 들어가는 거나 마찬가지였다… 팩토리에 들어간 사람은 언제나 향후 몇 달간은 그 기운을 빌어 살아가곤 했다."

돈이 쏟아지다!

기업들은 팩토리와 손을 잡고 싶어 했다. 떼돈이 쏟아졌고, 문 앞에는 협찬 물품이 속속 당도했다. 팩토리 단골들은 엉뚱한 요구를 하곤 했다. 하루는 모피를 주제로 한 파티를 열고 싶었던 샘 그린이 유명 디자이너에게 전화를 걸어 모피를 조금 보내달라고 부탁했다. 다음날 화물차 한 대가 팩토리 밖에 멈춰서더니 4만 2천 달러 어치 모피 코트들을 부리고 갔고, 덕분에 모두 저마다 밍크, 스라소니, 여우, 바다표범 가죽으로 된 코트를 걸치고 놀았다.

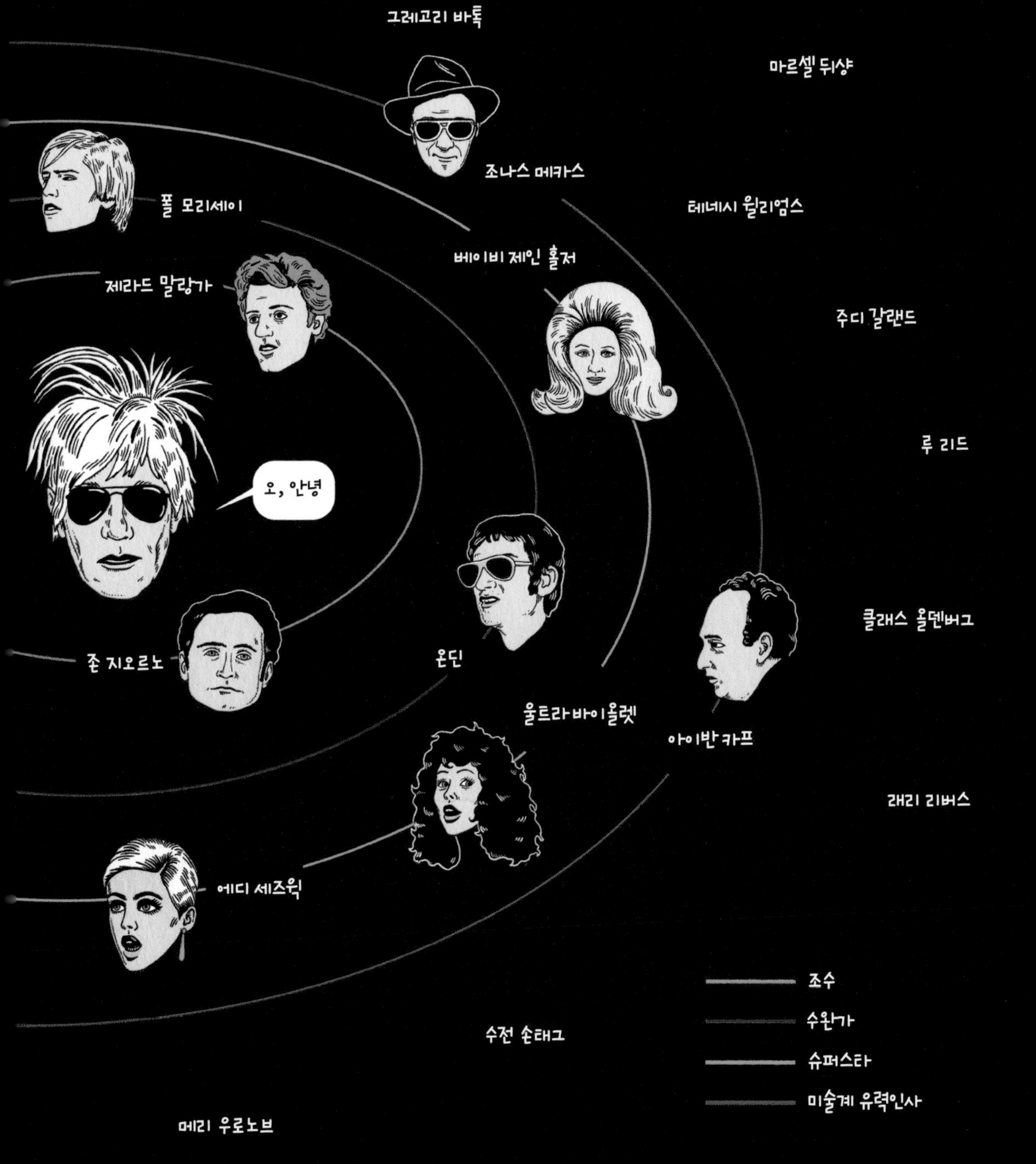

즉석 인물 사진

폴라로이드 카메라를 늘 목에 걸고 다닌 덕분에 워홀은 실버 팩토리에서 벌어지는 상황을 실시간으로 촬영할 수 있었다. 뉴욕 택시왕 로버트 스컬Robert Scull은 워홀에게 아내 에설의 초상화를 의뢰했다. 에설은 팝 아트 초상화에 안성맞춤인 모델이었다. 에설은 아름다웠고, '할리우드 샛별처럼 온갖 화려하고 빛나는 인생을 누렸다.'

전통적인 유화 초상화는 몇 달이 걸릴지 모르는 길고 신중한 제작 과정이 필요하다. 의뢰인은 장시간 지루하게 앉아 있어야 하고, 화가는 수많은 습작을 그려봐야 하고, 유화 물감으로 그리는 데는 시간이 많이 든다. 워홀은 미리 약속도 잡지 않고 스컬의 집에 100달러어치 주화를 들고 불쑥 나타나 에설을 재촉해 시내로 데리고 나갔다. 그리고는 타임스퀘어에 있는 어느 핀볼게임 오락실에 있는 즉석 사진 촬영기들에 집어넣었다. 처음엔 에설도 "이런 데서요? 세상에. 사진이 끔찍하게 나올 텐데!"라며 항의하기도 했다. 두 사람은 한바탕 즐겁게 놀았다. 에설은 즉석 사진 촬영 부스들을 바쁘게 옮겨 다녔고, 앤디는 커튼 뒤에서 나타나 에설을 간지럼 태웠다. 앤디는 4컷짜리 즉석사진 24장을 모았다. 나중에 그는 이 중에서 가장 마음에 드는 컷을 골라 확대해서 36컷짜리 초상화를 제작했다.

에설은 이렇게 말했다. "살아 있다는 것을 담아낸 초상화라는 게 제일 좋았죠." 이번에도 워홀이 사진을 이용한다는 게 가장 중요한 점이다. 즉 이 작품은 에설을 묘사한 그림이 아니다. 즉석 사진 촬영기는 아무 의식 없이 촬영을 해나가면서 앞에 있는 사람을 있는 그대로 기록해 살아 움직이는 에설을 포착한다. 즉 에설은 어느 컷에서는 웃고 있고, 다른 컷에서는 선글라스를 고쳐 쓰고 있는가 하면, 대부분 컷에서 카메라를 향해 포즈를 취하고 있다. 작품은 생동감이 넘친다. 산뜻한 초록색이 짙은 빨강색과 깊은 파랑색과 붙어 있는 것을 보면 색깔을 거의 즉흥적으로 대충 고른 것처럼 보인다. 이런 무작위성이야말로 인생이다. 일부 컷들에서는 신체 일부가 잘려 있어 아마도 에설이 촬영 부스 안으로 뛰어들거나 밖으로 뛰어나갈 때 찍힌 것으로 보인다. 워홀은 이런 연속적 형식을 효과적으로 활용한다. 즉 역동적 패턴들이 경쟁적으로 시선을 끈다. 보는 이의 시선은 노란 색 컷들을 좇아가거나 파랑색 사진들이 이루는 패턴을 따라갈 수도 있다. 두 컷의 사진은 에설이 입을 크게 벌린 채 고개를 뒤로 젖히고 있는 동일한 스틸 사진을 원본으로 하고 있다. 이런 반복은 돌발적으로 분출하는 활기찬 에너지와 대조를 이루는 오싹한 감흥을 이끌어낸다.

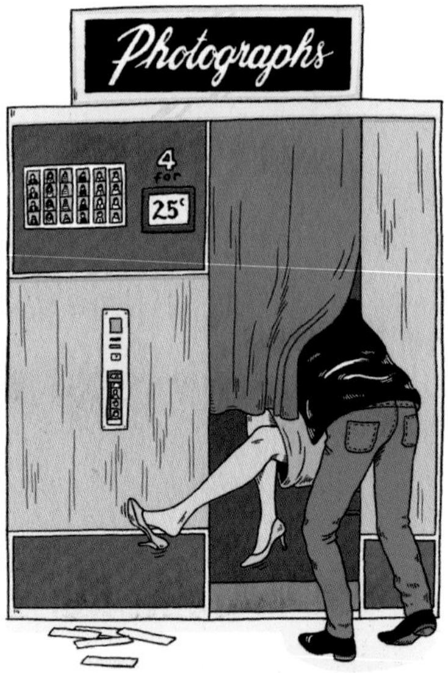

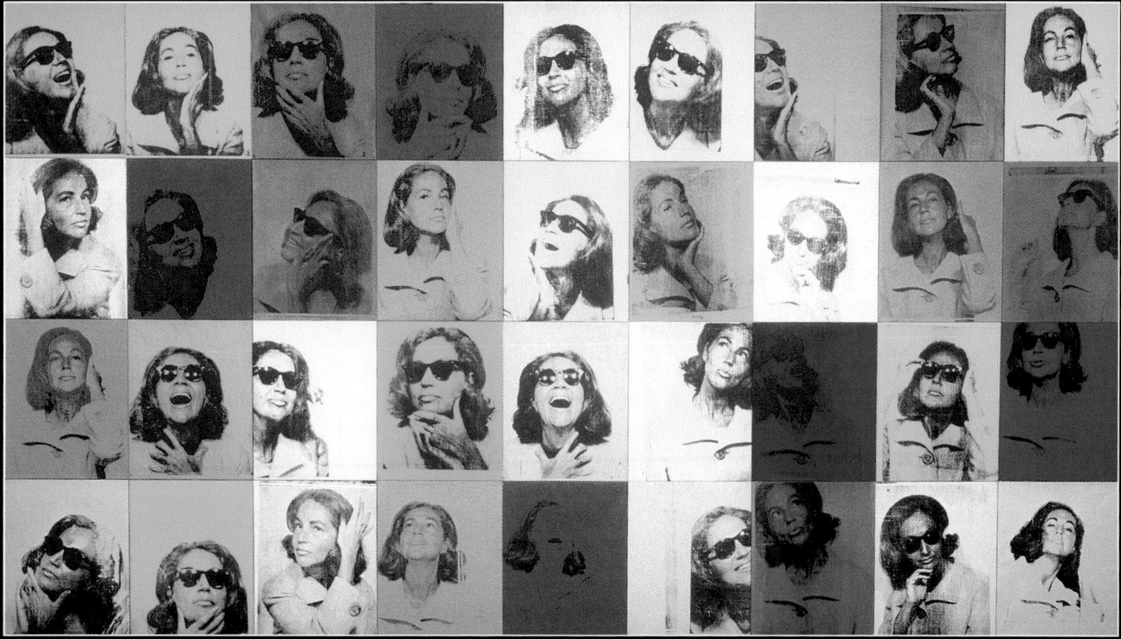

에설 스컬의 36 순간
Ethel Scull Thirty-Six Times

앤디 워홀, 1963년

캔버스에 합성 폴리머 페인트와 실크 스크린 잉크
79 3/4 × 143 in(2.02 × 3.63 m)

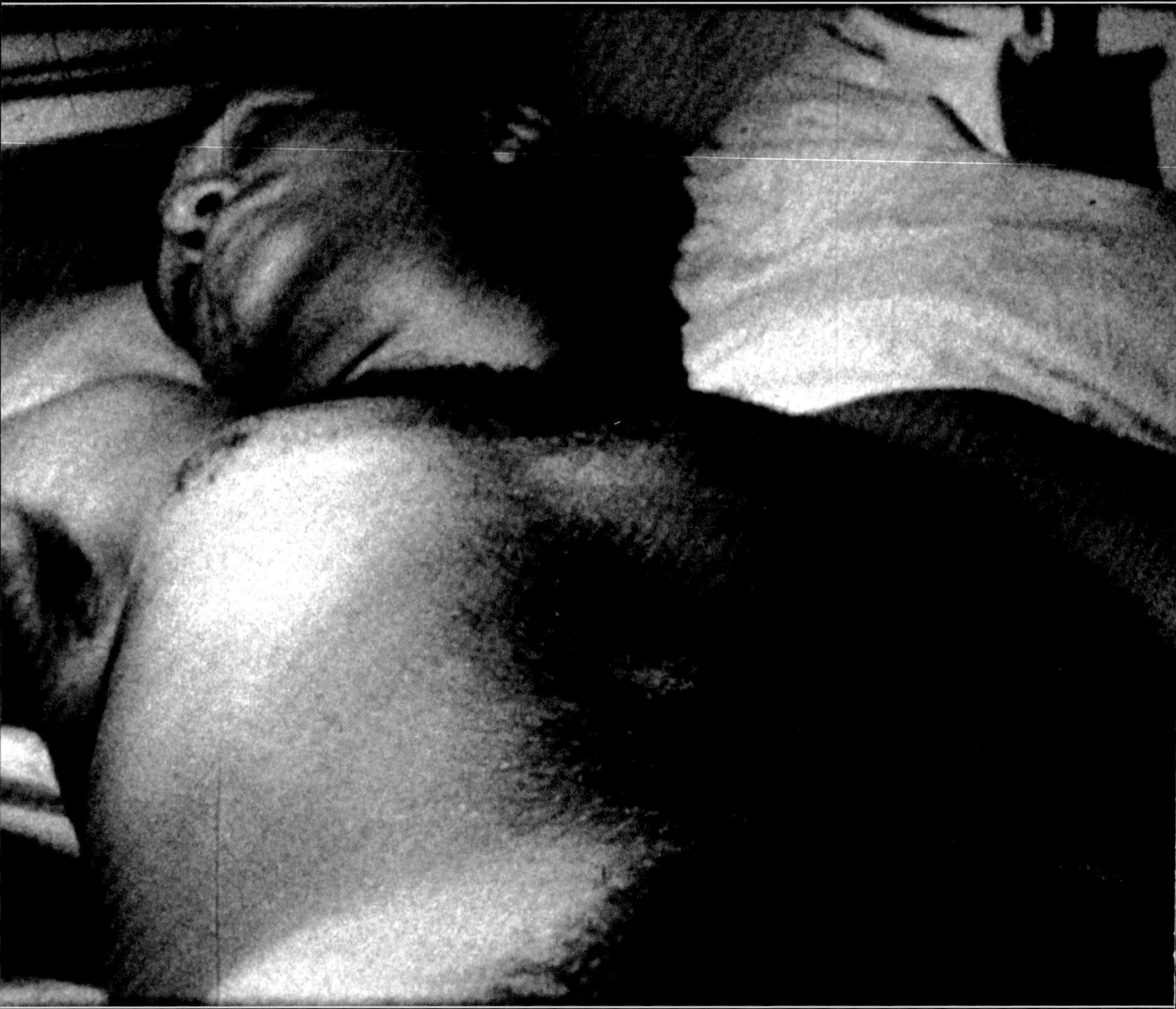

잠

Sleep

앤디 워홀, 1963년

16 mm 필름, 흑백, 무성, 초당 16프레임, 5시간 21분

워홀이 만든 영화

1963년에 워홀은 영화를 찍기 시작했다. 〈잠Sleep〉은 워홀의 애인 존 지오르노John Giorno가 빌리 네임이 팩토리에 갖다 놓은 붉은 색 소파에서 자고 있는 모습을 찍은 5시간 21분짜리 영화다. 예의 무심한 태도로 워홀은 지오르노가 '너무 오래 잤기' 때문에 이 영화를 찍었다고 말했다. 잠은 무척 보기 지루하다. 누구나 이게 지루하다는 걸 안다. 하지만 워홀이 생각하듯이 "지루한 게 좋을 때도 있고 그렇지 않을 때도 있다. 어느 쪽인가는 그때그때 내 기분이 어떤가에 달려 있다." 영화 제작자 협동조합 Film-Makers' Cooperative 회장이었던 조나스 메카스Jonas Mekas는 워홀을 의자에 묶어놓고 그가 이 영화를 처음부터 끝까지 다 볼 수 있는지 알아보려 했다. 메카스가 중간에 확인하러 가보니 워홀을 묶었던 밧줄만이 남아 있었다.

영화는 현란한 팝 아트 실크 스크린 작품들과는 아주 달라 보인다. 하지만 기본적인 관점만큼은 같다. 즉 캠벨 수프 캔처럼 〈잠〉도 일상이 가진 시정詩情을 주제로 하고 있다. 워홀은 타임 프레임time frame을 이용하여 주목을 끈다. 연속적인 실크 스크린 작품이 같은 순간을 반복하는 거라면 영화는 시간의 연장을 표현한다. 〈잠〉은 터무니없이 길다. 카메라 속도를 초당 24프레임에서 16프레임으로 줄여, 관객을 납득하게 하는 영화적 흐름cinematic flow을 방해해 불안감을 자아내고 허를 찌른다. 존이 숨은 제대로 쉬고 있는 건가? 존은 왜 이렇게 느리게 움직이는 걸까? 여기에는 분명 눈으로 보고는 있지만 설명은 할 수 없는 무언가가 존재하며, 이 점이 주의를 집중하게 만든다. 앤디는 바라던 목표를 달성한다. 즉 뭔가 일상적인 것에 대해 생각을 하게 만든다.

조나스 메카스는 워홀이 만든 영화들이 보여주는 '강렬한, 강화된 현실burning, intensified reality'에 대해 이야기한다. 이런 카메라 속도는 시간을 근접 촬영한 것 같은 효과를 낸다. 즉 세세한 변화들을 유심히 지켜보게 한다. 평소라면 사람 눈으로는 감지하지 못한 채 지나쳤을 것들을 말이다. 때로 워홀은 카메라가 저 혼자 돌아가게 놔둔 채 삶이 느릿느릿 흘러가는 모습을 기록한다. 물론 "팩토리에서의 삶은 상당히 별났다."고 그도 인정하지만 말이다. 1967년 12월에 워홀은 친구들과 함께 그 전 해에 찍은 총 25시간짜리 영화를 관람했다. 워홀은 향수에 젖어 그때 일을 이렇게 회고한다. "그 날 밤 다들 함께 모여 영화를 보고 있자니… 에디와 온딘이 어느 흐린 날 거센 바람이 부는 쓸쓸한 해변에서 서로 몸을 꼭 붙인 채 앉아 있고, 오직 카메라 돌아가는 소리만 들려올 뿐, 각자 담뱃불을 붙이려 애쓰는 동안 둘의 목소리가 모래 언덕 너머로 날아가 버리는 모습을 지켜보았을 때보다… 어쩐지 더 생생하게 다가왔다… 나는 다시는 우리가 이런 식으로 오랜 시간 이 영화를 틀어놓고 볼 일이 없을 거라는 걸 알았다. 인생, 즉 우리 앞을 흘러가고 있는 우리 인생도 이와 마찬가지다. 일단 한 번 지나가고 나면 다시는 볼 수 없다."

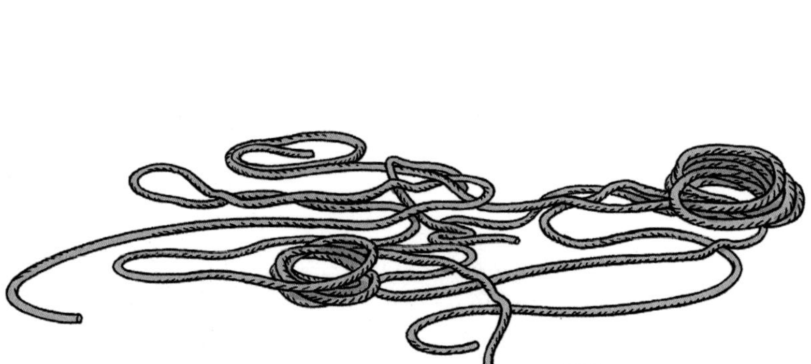

틀에 얽매이지 않은 : 은빛 구름Silver Clouds

1966년에 레오 카스텔리는 워홀에게 초대전을 제안했다. 언제나 카스텔리의 갤러리에서 전시회를 갖는 게 꿈이었던 워홀에게 중요한 순간이었다. 그는 두 종류의 실내를 만들었다. 한 방은 데이글로Day-Glo* 색 소들cows이 들어간 벽지를 발랐고, 다른 방은 아무 데로나 둥둥 떠다니는 은빛 풍선들로 가득 채웠다.

* 형광색 안료. 선명하면서도 반짝거리는 이미지가 있다

이 구름들은 천진난만한 동심을 느끼게 하는 구석이 있다. 베개들은 서로 부딪힐 뿐 아니라 관람객들과도 부딪혔다. 구름 제작을 위해 워홀은 엔지니어인 빌리 클뤼버Billy Klüver에게 자문을 구했고, 그는 신소재인 스카치팩Scotchpak을 추천했다. 클뤼버는 베개들이 공중에 떠 있게 하는 데 필요한 헬륨과 산소 양도 계산했다. 워홀은 아이디어를 살바도르 달리와 차를 마시다 얻었는지도 모른다. 카스텔리 전시회가 있기 1년 전에 워홀은 달리가 머무는 호텔 방을 방문했고, 거기서 방 안을 이리저리 떠다니는 은색 풍선들을 보았다. 만남을 마치고 나온 그는 서둘러 풍선을 몇 개 사서 팩토리로 가져왔다. 물론 앤디가 만든 〈은빛 구름〉이 더 크고 더 훌륭했다.

이 설치물은 본질적으로 덧없는 성격을 갖고 있다. 일부 풍선들은 터져버렸고 결국에 가선 모두 공기가 빠져 버렸다. 팩토리라는 세계 역시 언젠가 별안간 터져버릴 게 당연한 또 하나의 은빛 거품이다. 수 년 동안 침묵하는 워홀은 모든 사람에게서 주목을 받았다. 그러나 1960년대 중반에 한 리포터가 한 말대로, "까다로운 성미를 가진 이 은발의 현자는 곤경, 그것도 아주 심각한 곤경에 처해 있었다. 그의 세계가 갑자기 관심을 갖길 멈추고, 알려하길 멈췄던 것이다."

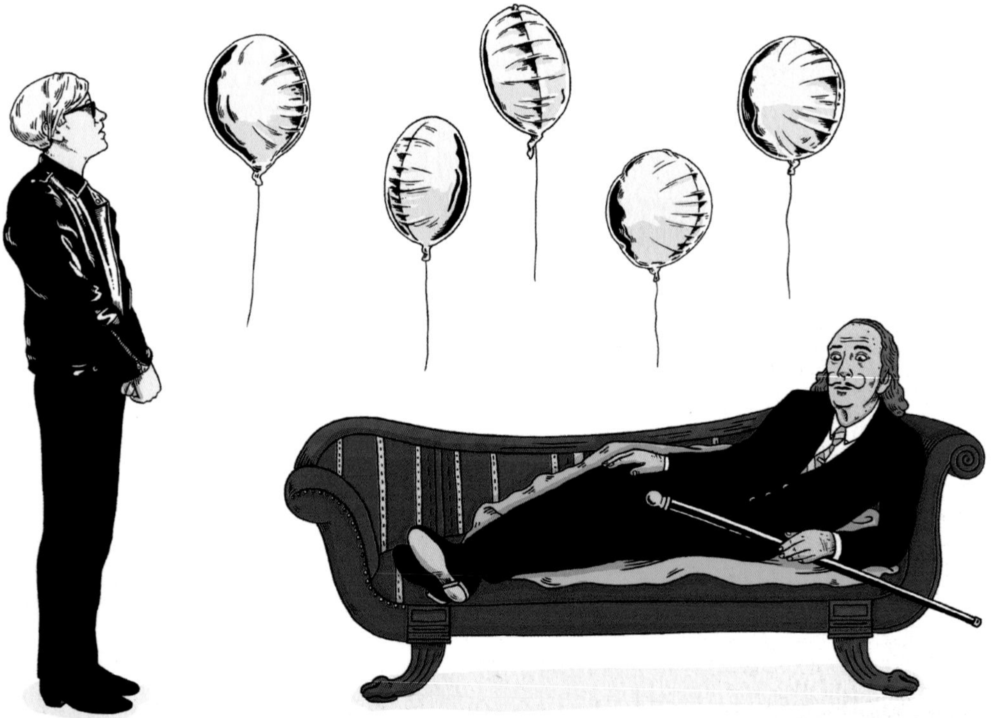

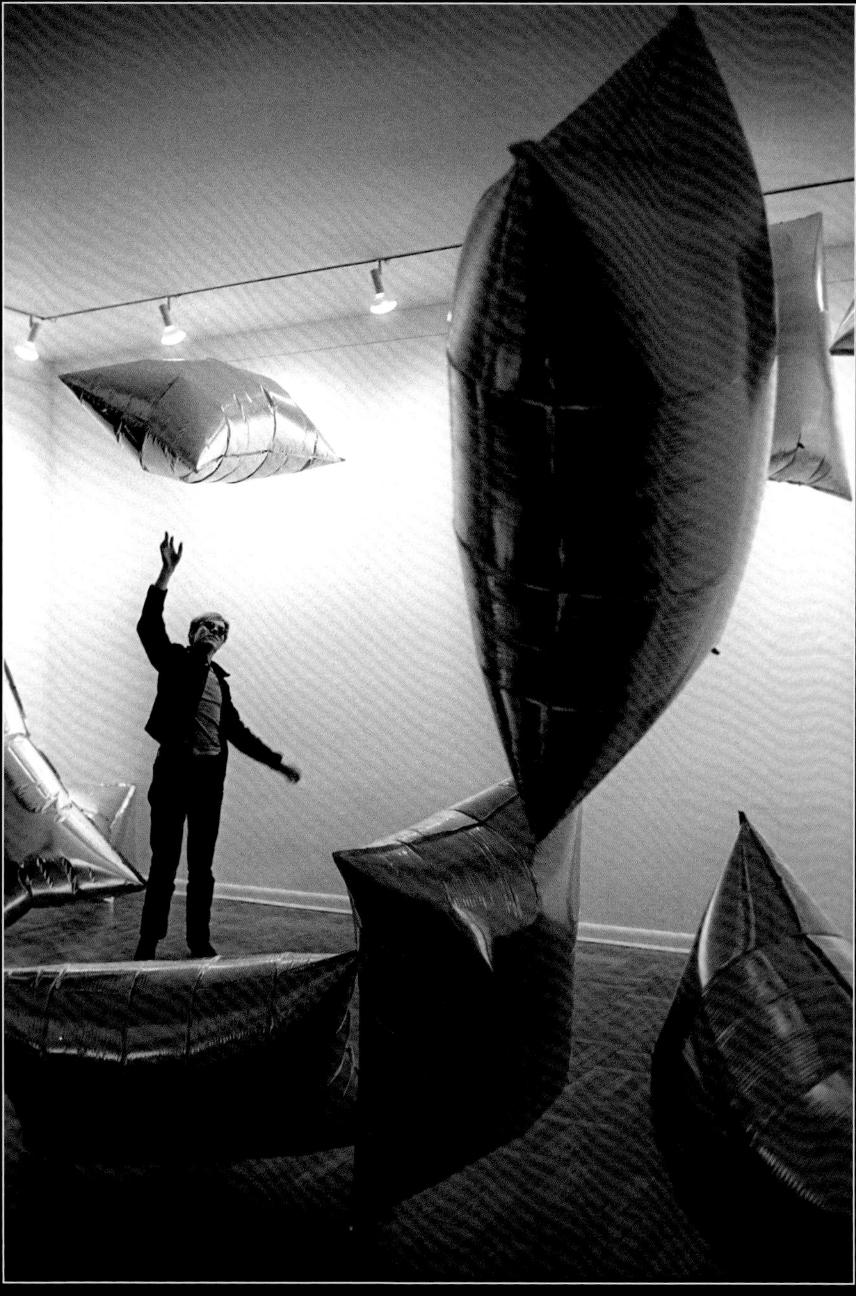

은빛 구름 설치물과 함께 한 앤디 워홀
Andy Warhol with Silver Clouds installation

피리 부는 사나이

마음이 여린 사람들에게 이 세계는 피리 부는 사나이 이야기 같았다. 즉 워홀에게 홀렸던 사람들이 그의 주위에서 하나 둘 스러져갔다. 1967년에 제라드 말랑가가 이탈리아로 여행을 떠났다가 다시는 돌아오지 않았다. 팩토리에서 현장감독 역할을 하는 동안 말랑가는 워홀이 가진 백만 달러어치 자산에도 불구하고 최저 임금만 받고 일했다. 이탈리아에서 말랑가는 워홀의 위작을 팔았다. 한편 빌리 네임은 사회적 접촉을 점점 더 기피해 암실에서 거의 나오질 않게 되었다.

에디 세즈윅은 한동안 이 은빛 세계에서 여신 노릇을 했지만 편집증에 걸려 불행에 빠졌다. 에디 세즈윅은 이렇게 말했다. "내가 했던 모든 일은 속을 깊이 들여다보면 실은 심리적 장애에서 기인한 게 아니었을까 싶어요. 나는 내 얼굴로 가면을 만들었죠. 내가 무척 아름답다는 걸, 하느님이 내게 그런 축복을 내리신지 몰랐으니까요. 사실상 내가 내 얼굴을 망가뜨렸죠. 박쥐 날개 같은 굵은 검정색 속눈썹을 잔뜩 붙이고, 눈 밑에는 시꺼먼 아이라인을 그리고, 길고 짙은 색이던 머리를 짧게 깎고 은발과 금발로 탈색을 해버렸어요… 나는 팩토리 입장에서 보면 딱 좋은 먹잇감이었죠. 이윽고 나는 건강한 젊은 마약 중독자로 피어났어요."

많은 사람들이 에디가 죽은 게 워홀 탓이라고 비난했다. 워홀은 상처받기 쉬운 부류에게 끌렸다. 그는 이렇게 말한다. "여자는 언제나 신경쇠약 직전일수록 아름답고 금방이라도 부서질 듯 연약해 보였다." 그는 에디와 어울려 신나게 파티를 즐겼지만 에디가 무너져갈 때 절대 손을 내밀거나 돌봐주지 않았다. 에디는 구제불능으로 망가진 채 팩토리를 떠났고, 1971년에 약물 과용으로 사망했다.

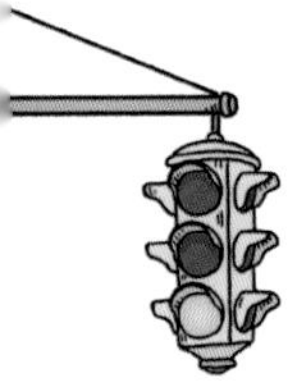

실버 팩토리를 비우다

* 공장 등을 개조한 아파트. 또는 교회나 농장, 공장 건물 등의 최상층

1967년 말에 팩토리는 퇴거 명령을 받았다. 팩토리는 무너지고 있었다. 영화감독인 폴 모리세이는 이렇게 시인한다. "사실 차라리 잘된 일이었다. 은색 스프레이 페인트가 계속 바스러져나가다 못해 은색 가루가 되어 날리는 지경에 이르렀으니 말이다. 얼마 안 가 숨쉬기조차 힘들어진 데다 청소하기도 힘들었다." 1968년에 팩토리를 비웠고 유명한 소파도 들어냈다. 어쩐 일인지 소파는 이사 과정에서 사라지고 말았다. 모리세이에 따르면 소파를 이삿짐 트럭에 실었는데 그 날 밤 트럭을 도둑맞았다고 한다.

한 시대가 종언을 고한 셈이었다. 유니언 스퀘어에 있는 한 로프트*로 이전한 팩토리는 실내장식이 바뀌었고 분위기도 아주 달라졌다. 워홀은 이렇게 설명했다. "시내로 이사한 게 단순히 장소가 바뀐 것 이상을 의미한다는 걸 모두 어느 정도는 알 수 있었다. 일단 은색 시대the Silver Period는 분명히 끝이 났고, 이젠 흰색 시대로 들어섰다는 게 첫 번째였다. 또 새로운 팩토리는 계속 예전 같이 미쳐 날뛸 수 있는 곳이 아니라는 점도 명백했다. '영사실'에는 소파와 스테레오와 TV가 갖춰져 있어 빈둥거릴 수야 있었지만 엘리베이터에서 내려서 들어오면 바로 앞에 큰 책상들이 놓여 있어 이곳은 업무 차원에서 뭔가가 이뤄지고 있는 곳이지, 더 이상 그저 어슬렁대며 시간을 죽이는 곳은 아니라는 인상을 주었다."

폴 모리세이와 프레드 휴즈가 이 새로운 현장을 관리 감독했다. 출세가 지상목표인 지독한 야심가였던 휴즈는 예전의 그루피들을 경멸했기 때문에 앤디는 더 이상 반항적인 추종자들을 가까이 하려 하지 않았다. 비바, 울트라 바이올렛, 니코 같은 아름다운 슈퍼스타들만이 환영 받았다. 워홀이 거리를 두자 원성이 높아졌다. 사람들은 버림받은 느낌이었다. 페미니스트이자 팩토리 단골이던 발레리 솔라나스는 분통을 터뜨렸다. 솔라나스에 따르면 앤디와 이야기하는 게 의자와 이야기하는 것 같았기 때문이었다.

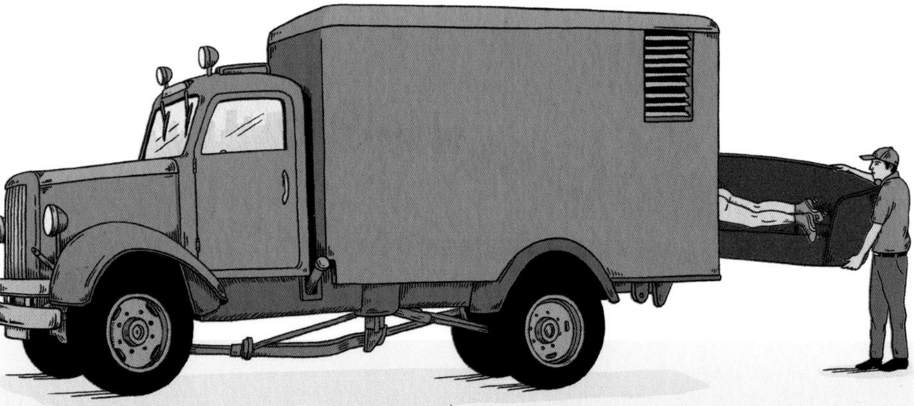

워홀이 총에 맞다

1968년 6월 3일 월요일, 오후 4시 15분에 발레리 솔라나스가 팩토리로 걸어 들어와 32구경 권총을 꺼내 워홀에게 발사했다. 뒤이어 한바탕 소동이 벌어졌다. 빌리 네임이 워홀을 끌어안고 흐느끼며 구급차가 도착할 때까지 20분을 기다렸다. 한편 이게 다 짜고 치는 장난이라고 생각한 슈퍼스타 비바는 머리를 다듬으러 가려고 미장원에 직접 예약 전화를 했다. 오후 4시 51분에 콜럼버스 병원에서 워홀은 사망 진단을 받았다. 그러나 눈앞에 있는 '사망자'가 그 유명한 워홀이라는 말을 들은 의료진이 서둘러 소생술에 나섰고 이윽고 생명을 살리기 위한 수술에 들어갔다.

동기는 SCUM이다

총격 사건이 있기 몇 년 전에 극작가 아서 밀러는 솔라나스를 뉴욕에 있는 첼시 호텔에서 만난 적이 있었다. 아서 밀러는 이런 인상을 받았다. '위험한 여자다. 결국 누군가를 죽이고야 말 거다.' 솔라나스는 SCUM, 즉 남성 처단 협회Society for Cutting Up Men라는 단체를 위한 성명서를 발표했다. 솔라나스가 유일한 회원이었다. 사람들은 워홀에게 솔라나스를 조심하라고 경고했다. 울트라 바이올렛이 그가 '표적이 될 수도 있다'고 말했을 때 워홀은 웃어넘겼다. 솔라나스는 워홀에게 화가 나 있었다. 솔라나스는 대본을 하나 써서 워홀에게 피드백을 부탁했다가 얼마 후엔 원고를 돌려달라고 했다. 워홀은 관심이 없다 보니 원고가 어디 있는지도 몰랐다.

총격을 당한 후 워홀은 극도로 겁이 늘었다. "전에는 두려운 게 없었다. 더욱이 한 번 죽기까지 한 마당이니 무서울 게 없어야 당연했다. 그런데도 두려우니 알 수 없는 노릇이다." 빌리 네임은 예전 앤디를 그리워했다. "껍데기만 앤디였다. 내가 사랑하고 같이 놀 수 있는 앤디는 이제 없었다." 1970년에 빌리 네임은 암실 문에 쪽지를 꽂아놓고 떠났다. 많은 사람들이 앤디가 창작 동기를 잃어버렸다고 보았다. 팩토리 단골이던 한 여성은 이렇게 표현한다. "죽음에 대한 무의식적 동경이 연료가 되어 그림, 영화, 독창성, 에너지, 예술로 타올랐던 거다. 그러나 이제 죽음에게 직접 매운 맛을 본 이상 게임은 끝났다… 그는 영감을 잃어버렸다."

1960년대에 워홀은 피사체에 아주 선명하게 초점을 맞춘 카메라 렌즈 같아서, 자기가 살던 문화를 클로즈업해 당대 관심사를 포착하고 시대적 분위기가 가진 정수를 뽑아냈다. 그러나 1970년대에 와서 렌즈는 명징함을 유지하지 못하게 되었다. 워홀의 초점이 흐트러진 것이다. 어머니가 몹시 쇠약해졌다. 1970년에 어머니는 피츠버그로 돌아가 양로원에 들어갔고 2년 후 사망했다. 워홀은 장례식에 가지 않았다. 그는 어머니가 죽었다는 사실을 결코 받아들이지 못했다. 누군가 어머니 안부를 물으면 블루밍데일 백화점에서 쇼핑 중이라고 대답했다.

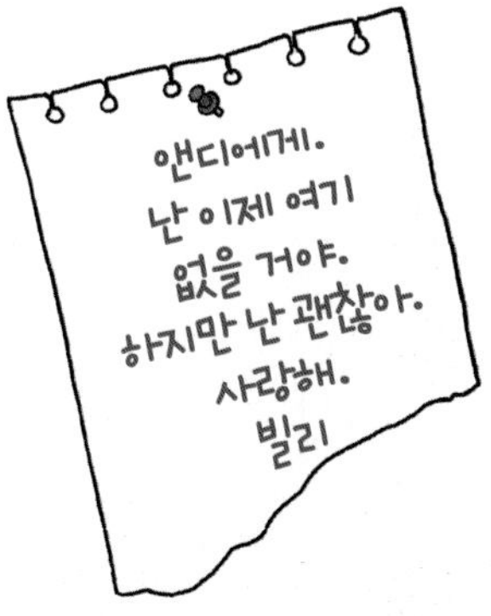

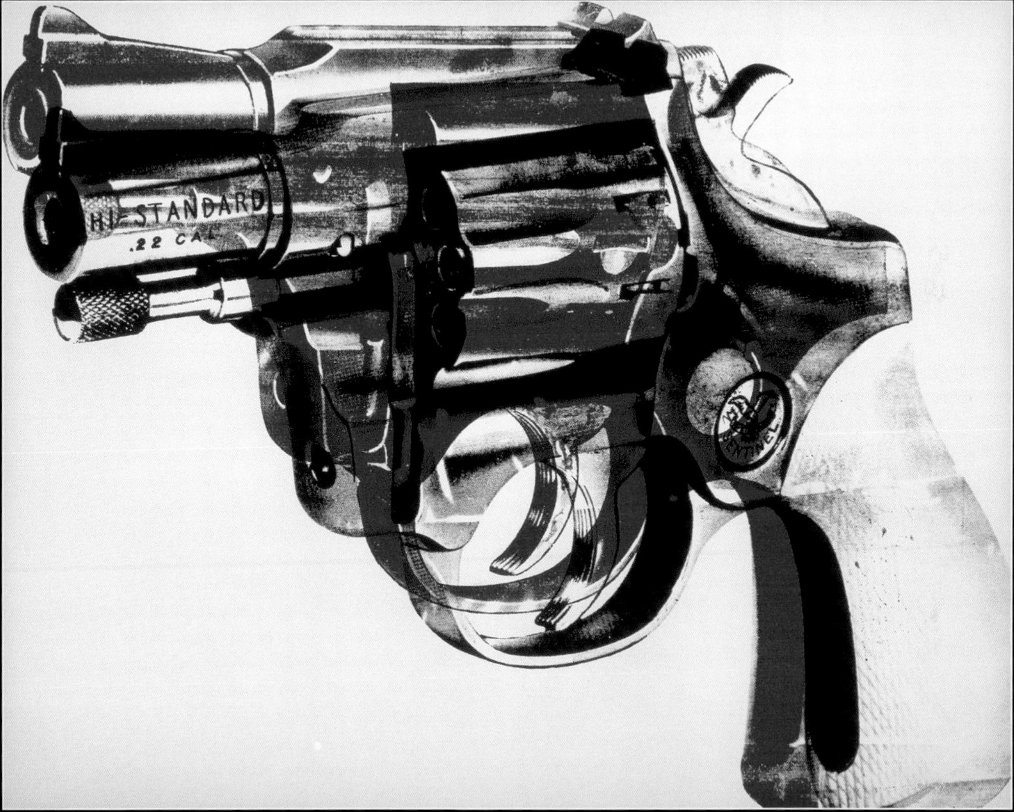

권총

Gun

앤디 워홀, 1981-82년 경

캔버스에 합성 폴리머 페인트와 실크 스크린 잉크
84 × 96 in (2.13 × 2.43 m)

나르시시즘적 1970년대

워홀에게 일어난 변화는 당대의 문화적 변천상을 고스란히 반영한다. 미국 사회학자 크리스토퍼 래쉬Christopher Lasch가 하는 설명에 따르면 "60년대에 일어난 정치적 혼란 이후 미국인들은 완전히 자기만의 세계에 틀어박혀 자기감정에 집중하고 건강식품을 먹고 조깅을 하고, '관계 맺는' 법을 배우고, '쾌락에 대한 공포'를 극복했다. 사실상 미국인들은 60년대와 소요 사태, 신좌파, 대학 캠퍼스 내 분열상, 베트남, 워터게이트, 닉슨 대통령 재임시절 뿐 아니라 아예 집단적 과거를 통째로 잊어버리길 바라는 것처럼 보였다." 워홀은 래쉬가 언급한 이런 모든 경향을 그대로 받아들였다.

겨우내, 봄 내내, 밤새도록 파티, 파티, 파티

1970년대에 앤디는 하룻밤에 파티를 네 번이나 벌일 수 있었다. 이 세계는 실버 팩토리 시절과 아주 달랐다. 밥 콜라첼로Bob Colacello에 따르면 "프레드 [휴즈]는 앤디를 전과는 백팔십도 다른 무언가로 만들었다. 즉 특권층으로 말이다." 워홀을 둘러싼 새로운 엘리트 집단 중에는 믹과 비앙카 재거 부부, 라이자 미넬리, 트루먼 커포티, 다이앤과 이건 폰 퓌르스텐베르크, 다이애나 로스, 캘빈 클라인, 다이애나 브릴랜드, 오스카 드 라 렌타가 있었다. 당시는 디스코 시대였고, 따라서 유명인들이 모여드는 최고로 잘 나가는 장소는 스튜디오 54였다. 앤디는 여기서 '젊고 아름답고 아주 부유한 사람들'과 어울렸다. 스튜디오 54 문지기였던 마크 베네케Marc Benecke는 '매일 밤 완벽한 샐러드'를 만들라는 지시를 받았다.* 손님들은 그런 '분위기vibe'와 나무랄 데 없이 어울리는 사람들이어야 했다.
즉 수준이 맞지 않아 보이는 사람은 아무리 유명인이라도 쫓겨났다.

* 클럽 앞에 줄을 선 사람들을 관리하고 가려서 들여보내는 게 클럽 문지기의 역할이므로, 다양한 손님들을 잘 선별해서 클럽 물을 좋게 관리하라는 의미를 가진 말로 보임

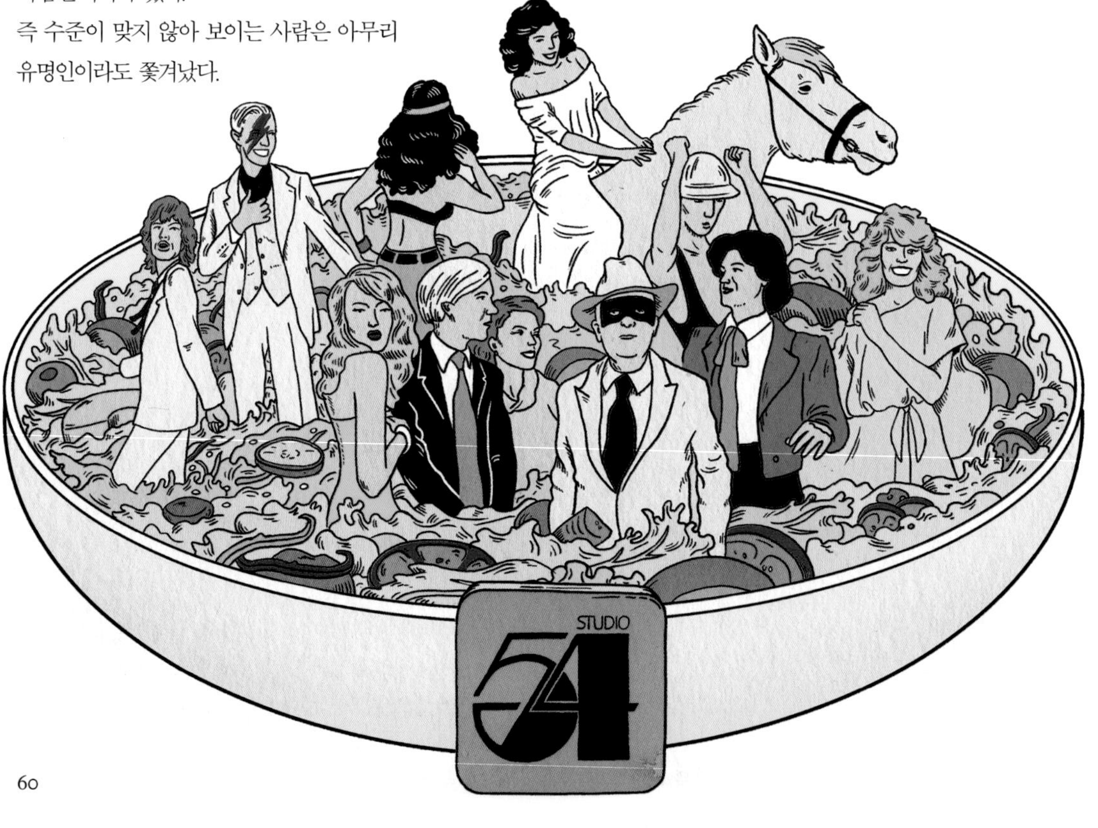

연예 전문 잡지 : 〈인터뷰〉

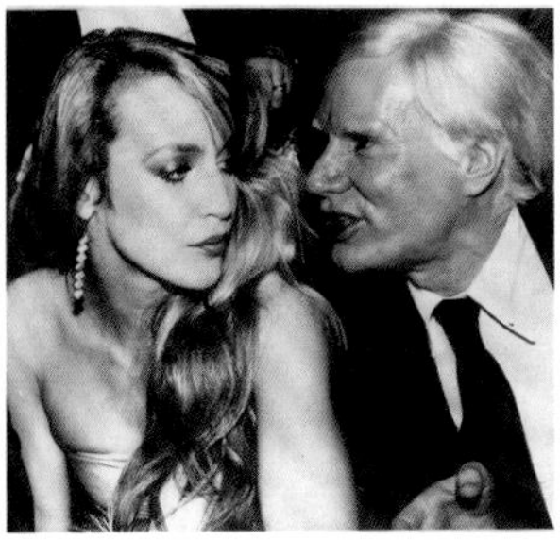

클럽 스튜디오 54에서 모델 제리 홀과 이야기 중인 앤디 워홀

1969년에 존 윌콕John Wilcock과 워홀은 〈인터뷰〉 지를 창간했다. 초창기 연예 전문지에 속하는 〈인터뷰〉는 이런 파티 세계의 연장선상에 있었다. 콜라첼로는 '서로가 상대방에게 황홀한 매력과 선민의식, 명성을 공급하는…잡지와 클럽 [스튜디오 54] 간의 강력한 공생관계'에 대해 묘사한다. 매달 앤디는 친구들 중 한 명을 표지 모델로 실었다.

워홀이 잡지에 적용한 원칙은 단순했다. "인터뷰는 웃겨도 되지만 사진은 안 된다." 워홀은 미술가 리처드 번스타인에게 누구나 아름다워 보이게 만드는 작업을 맡겼다. 번스타인은 사람들이 가진 결점을 에어브러시로 지운 다음, 연필과 파스텔로 용모를 보기 좋게 꾸몄다. 팔로마 피카소Paloma Picasso* 가 인정했듯이, "[번스타인은] 스타의 초상을 그린다. 그는 스타들의 얼굴을 찬미하고, 그들을 허구를 뛰어넘는 대단한 존재로 만든다. 미인들에게 재기를 불어넣고, 부자들에게는 상상력을, 멋쟁이들에게는 깊이를 부여하고, 풋내기들에게는 즉각적인 품격을 더해준다."

* 화가 피카소의 딸로, 유명한 패션 디자이너이자 보석 디자이너, 사업가

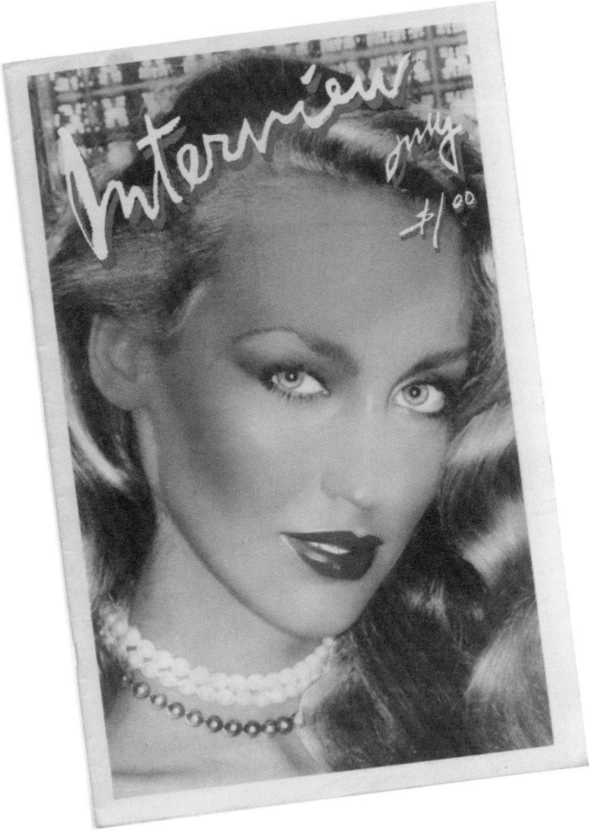

〈인터뷰〉 지, 1978년 7월 12일 발행, 리처드 번스타인이 그린 제리 홀 초상화가 표지에 실렸다.

앤디 워홀 엔터프라이즈

말년에 워홀은 사업 예술Business Art이라는 개념을 만들어냈다. 그에 따르면 "사업 예술은 차세대 예술Art이다. 나는 상업미술가로서 시작했지만 사업 예술가로서 경력을 마치고 싶다… 사업적 성공을 거두는 것이야말로 가장 매력적인 예술이다." 1974년에 그는 스튜디오를 브로드웨이 860번지에 있는 상가 건물로 옮겼다. 그는 자신이 가진 기업가로서의 야심을 반영해 새로운 공간을 팩토리Factory가 아닌 오피스Office라 불렀다. 이곳에 앤디 워홀 엔터프라이즈Andy Warhol Enterprises가 들어섰다. 작가이자 편집자인 밥 콜라첼로가 막후에서 연예 잡지 〈인터뷰〉를 운영하는 한편, 마당발을 자랑하는 수완가인 프레드 휴즈는 얼굴 마담 역할을 맡아 초상화 사업을 펼쳐 나갔다.

팩토리에 가득했던 잡동사니는 치워서 따로 보관했다. 당시 워홀의 애인이던 제드 존슨Jed Johnson은 공간을 명품 브랜드처럼 디자인했다. 응접실에는 가구를 극도로 자제해 단출하게 유지했다. 즉 고급 가구를 두 어 점만 들여, 망치로 두드려 만든 놋쇠로 된 아르데코 풍 탁자와 슬레이트 탁자 두 개만 신중하게 배치했다. 탁 트인 이런 '여백이 있는 공간'은 호사스러운 느낌을 주었다. 정장을 차려 입은 세련된 남자직원들이 동분서주하며 하얀 색 전화기로 전화를 받는 동안 워홀은 자기 전용 사무실에서 일을 했다.

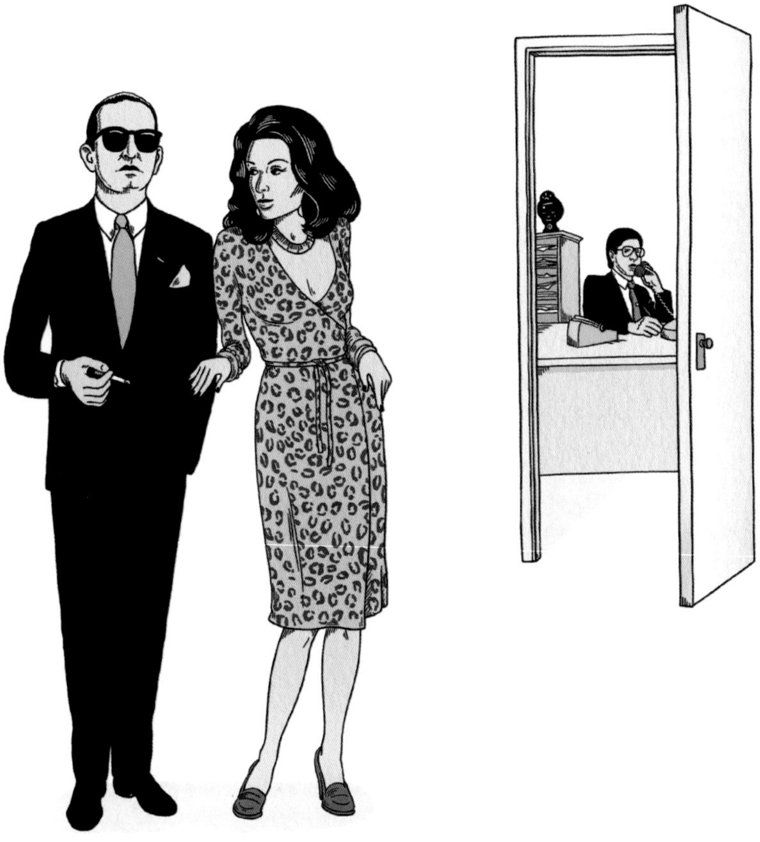

오피스 인생
– 왼쪽에서 오른쪽으로

프레드 휴즈
다이앤 폰 퓌르스텐베르크
밥 콜라첼로
'고객'
팻 해킷, 제드 존슨
앤디 워홀

오피스 오찬

* 팩토리가 퇴거 명령을 받은 후 처음 이사를 갔던 곳

** 오피스 시절

작가 스티븐 코크가 말하는 것처럼 오피스에 초대 받은 손님들은 얌전하게 행동했다. "새로운 터전에서 느낄 수 있는 자유로운 분위기에 대해 말하자면, 그런 분위기는 아예 존재하지 않는다고 말해야겠다. 담배에 불이라도 붙였다간 담뱃재를 어디다 털어야할지 전전긍긍해야 했을 거다." 보안은 최우선 과제였다. 누구나 접수원을 거쳐 출입절차를 밟아야 했고, 폐쇄회로 TV를 비롯한 최첨단 보안 시스템도 구축했다. 앤디는 심지어 건물주에게 로비에 상주하는 무장 경비원을 고용해 달라고 요구하기까지 했다.

식당에서는 초상화를 의뢰할 잠재 고객과 〈인터뷰〉 지에 광고를 게재할 용의가 있는 기업 고객을 접대하는 비즈니스 오찬이 열렸다. 워홀 엔터프라이즈 부사장 빈센트 프레몬트Vincent Fremont는 이렇게 회고한다. "초상화를 주문하려는 고객을 주빈으로 해서 가졌던 모든 오찬에 대해 종종 떠올리곤 해요. 우선 유니언스퀘어 웨스트 33번지33 Union Square West*에서는 브라우니스Brownies의 도시락 오찬이 있었고, 브로드웨이 860번지860 Broadway**에서는 발두치Balducci 음식으로 오찬을 가지곤 했죠… 난리법석을 피우던 준비 과정이 그립네요. 다른 누굴 또 오찬에 초대할지며, 오찬 자리에서 오고가던 가십이며, 이런 모든 걸 하나도 빠짐없이 담아내려는 듯 부지런히 돌아가던 앤디의 테이프 레코더가 말이에요. 프레드는 이것저것 대접을 하고, 밥 콜라첼로는 전날 밤 있었던 이야기를 늘어놓거나 뭔가 다른 재밌는 이야기를 생각해내곤 했죠."

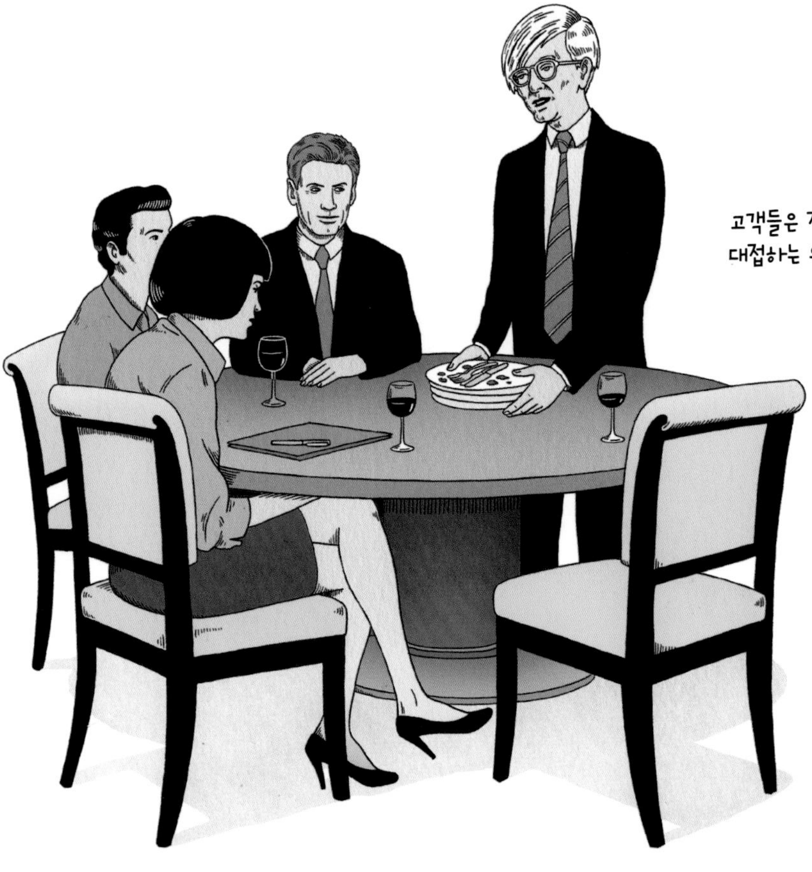

고객들은 접시를 치우고 와인을 대접하는 워홀에게 반했다.

초상화 사업

나르시시즘적이던 1970년대는 초상화 사업에 딱 맞는 시대였다. 부자, 미인, 멋쟁이들이 자신을 영원히 남길 수 있길 원했기 때문이다. 주변 엘리트 집단에게 궁정화가 역할을 했던 워홀은 미술사가 로버트 로젠블룸Robert Rosenblum이 한 말을 빌자면, '거의 멸종 위기에 있던 장엄한 초상화 양식'을 용케 부활시켰다. 프레드 휴즈와 밥 콜라첼로가 열심히 일한 덕분에 초상화 사업은 번창일로에 있었다. 모든 친구들이 잠재적인 초상화 고객이었다. 모든 파티가 사업 기회였다. 콜라첼로가 말하듯이 "우리는 앤디를 위해 그곳에서 바쁘게 일했다. 앤디를 위해 중요한 질문을 했고 앤디를 위해 음식을 먹기까지 했다. 앤디는 자기가 못 먹는 음식은 우리 접시로 옮겨놓았기 때문이다… 내가 사람들에게 우스갯소리를 들려주면 앤디는 '오, 호오, 이런'이라고 말했다."

워홀은 이번에는 유명인의 모습을 더 매력적으로 손보는 작업을 했다. 물론 이런 일은 극비리에 이뤄졌다. 워홀의 후기 초상화는 초기작과는 아주 다르다. 라이자 미넬리 초상화에서는 마릴린 초상화가 전하는 그런 여운, 즉 미묘한 긴장감을 느낄 수 없다. 사실 미넬리도 마릴린과 비슷하게 우여곡절이 많은 삶을 살았는데도 말이다. 마릴린처럼 미넬리도 심각한 약물 복용 문제를 겪었고 연이어 결혼에 실패했다. 그런 고생은 은폐하고 윤색되었다. 중요한 건 화려한 매력이었다. 인공조명과 디스코 볼 같이 알록달록한 현란한 색깔들이 밤샘 파티의 정수를 담아내고 있다. 미넬리의 큰 눈과 검정색 헬멧 같은 머리 모양을 강조하고, 오렌지색으로 정교하게 립글로스를 덧바른 큐피드같은 입술은 흰 배경에 완벽함의 아이콘처럼 떠 있다. 이렇게 육체와 동떨어져 부각되는 이목구비는 로고 같아 보여서 새로운 사업 예술가와 더없이 어울린다.

스타들은 비위 맞추기가 엄청나게 힘들었다. 워홀과 친했던 리즈 테일러가 특히 까다롭게 굴었다. 앤디가 사진을 찍으러 나타나면 '얼굴이 너무 부어' 보인다는 매번 같은 구실로 그냥 돌려보내곤 했다. 그러나 워홀이 꾸준히 인내심을 발휘한 보람이 있었다.
밥 콜라첼로가 한 언급에 따르면, 1970년대 초에는 한 컷이 5천 달러에 팔렸지만 1980년에는 가격이 2만 달러까지 치솟았다고 한다. 워홀은 한 가지 수를 더 썼다.
의뢰인들에게 여러 컷을 한꺼번에 사라고 부추긴 거다. 36컷짜리 에설 스컬 초상화처럼 말이다.

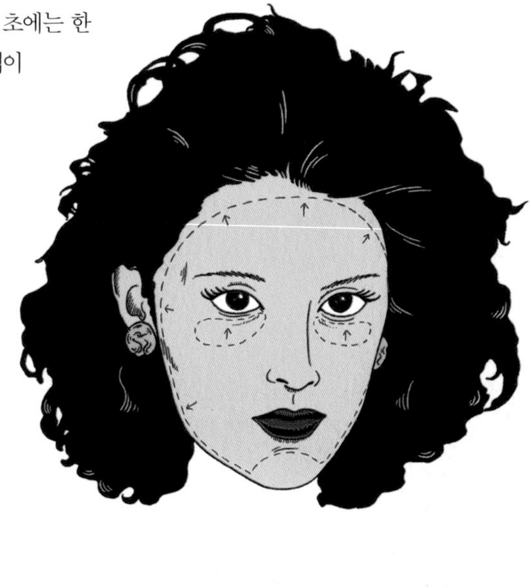

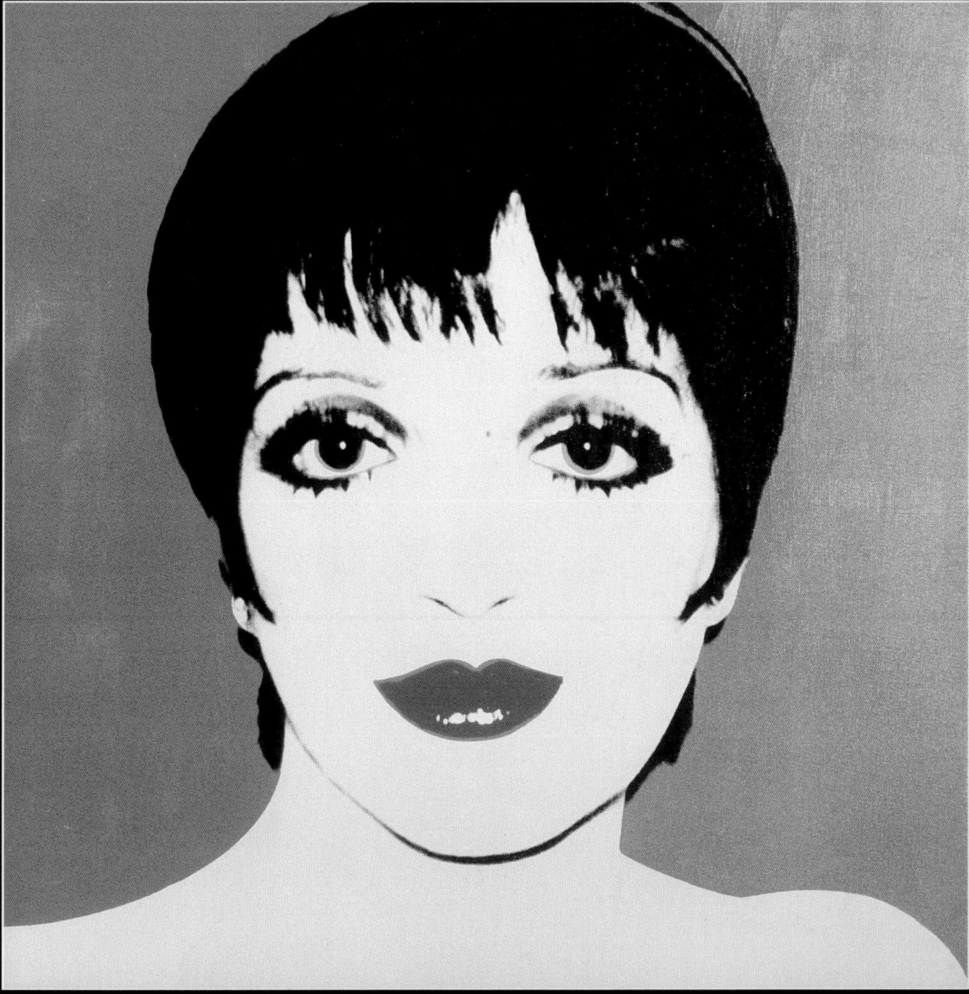

라이자 미넬리

Liza Minnelli

앤디 워홀, 1978년

두 패널 중 오른쪽 패널의 디테일
캔버스에 합성 폴리머 페인트와 실크 스크린 잉크
각 패널은 40 × 40 in (101.6 × 101.6 cm)

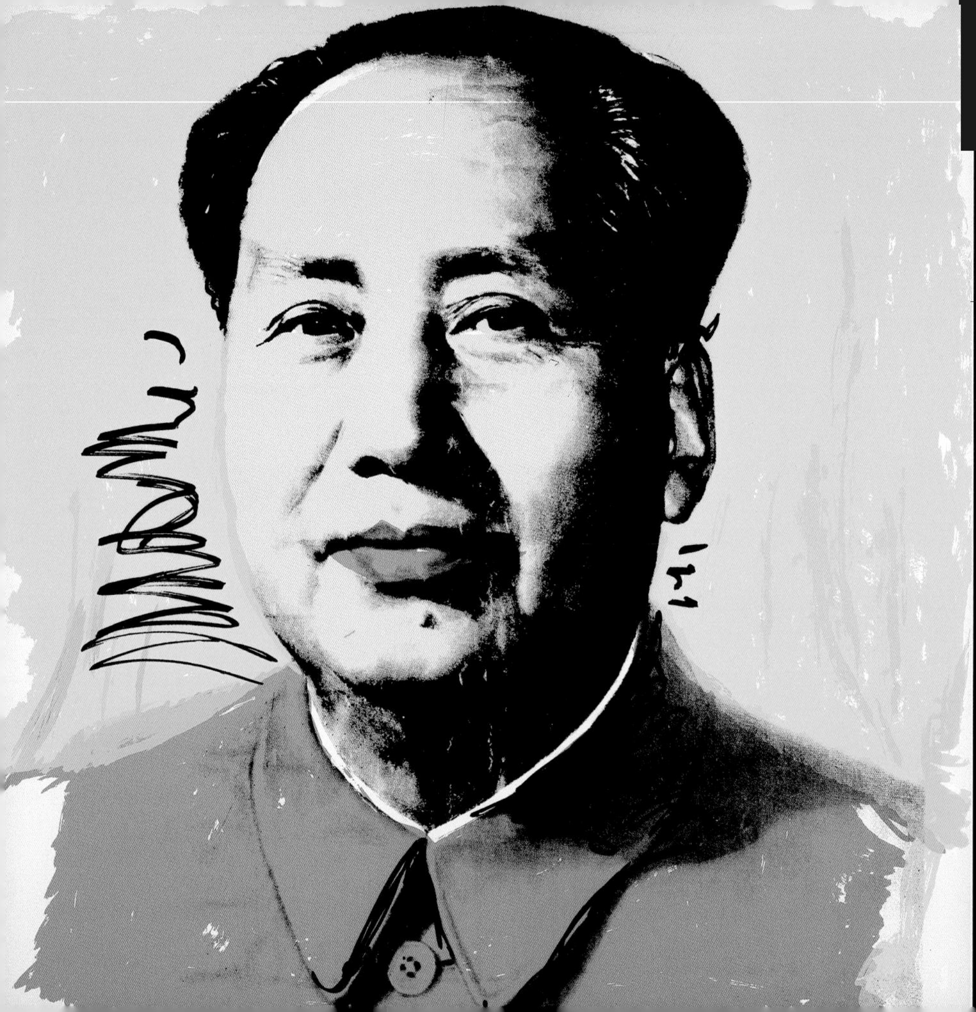

앤디의 마오

워홀이 말년에 착수했던 몇몇 프로젝트를 보면 그가 매서운 감식안으로 사회를 들여다보는 방식으로 복귀했다는 걸 알 수 있다. 예를 들어 중국 공산당 지도자인 마오쩌둥의 초상화는 예리한 사회적 기록물이다. 워홀은 이 프로젝트에 대해 말할 때면 언제나 민감한 쟁점들은 슬쩍 비껴간 채 모델에 대해 이런저런 농담만 늘어놓았다. 그가 한 말을 인용하자면 이렇다. "나는 중국에 대해 많은 조사를 했다. 중국인들은 제정신이 아닌 것 같다. 그들은 창의성을 중시하지 않는다. 그들이 가진 유일한 사진이라곤 마오쩌둥 것뿐인 걸 보면 말이다. 이게 참 대단하다. 마치 실크 스크린처럼 보이니 말이다." 그러나 그가 이룬 성과를 되돌아보면 그가 택한 타이밍과 전략은 무시무시할 정도였다.

냉전 시대에 벌인 반목을 지나 미국과 중국은 보다 우호적인 관계로 조심스럽게 나아가는 중이었다. 1972년 2월에 닉슨 대통령이 역사적인 중국 순방에 나서 동서 대화의 물꼬를 텄다. 워홀은 이런 정치적으로 대단히 예민한 시기를 골라 두려움의 대상이던 전체주의 지도자의 초상화를 제작한 것이다. 그는 공산혁명기에 22억 부 이상이 나간 이 최고 지도자의 어록Little Red Book에 실린 마오쩌둥 공식 사진과 천안문 광장 한복판에 걸려 있는 초상화를 원본으로 삼았다.

초상화의 엄청난 크기는 마오쩌둥이 가진 막강한 영향력을 나타낸다. 즉 공산주의 국가인 중국에서 그가 가진 존재감과 권력을 말이다. 그러나 이 점 외에는 전체적으로 상당히 생뚱맞다. 이건 '윤색된', 즉 실물과는 다르게 보이는 마오다. 따뜻한 노란 색과 연한 적갈색은 이 근엄한 지도자에게 온화한 인상을 준다. '복숭아 색' 입술과 강조된 눈, 얼굴 주변에 휘갈긴 장식 선은 고급 패션 사진 같은 분위기를 자아낸다. 전체적으로 장난기가 다분하다. 1960년대 말 문화대혁명 시기에 중국 예술인과 지식인들은 무익한 활동에 종사한다는 이유로 강제 노동과 사상 재교육이라는 형벌에 처해졌다. 중국이었다면 워홀은 수감되었을 게 틀림없다. 그러나 서방 관람객을 위해 그는 마오쩌둥에게서 위협적인 요소를 제거했다. 즉 마오는 팝 아트 아이콘으로서 또 하나의 자본주의적 상품이 된다.

1982년에 워홀은 중국을 방문했다. 사진작가 크리스토퍼 마코스Christopher Makos 가 여느 관광객처럼 배낭을 메고 히프 색을 두르고 카메라를 든 채 천안문 광장에 서 있는 앤디를 사진에 담았다. 워홀이 마오를 둘러싼 신비주의를 벗겨냈다면 중국도 워홀에게 같은 역할을 했다. 뉴욕 시를 벗어난 동양에서 워홀은 무명의 존재였다. 별 볼 일 없는 사람이었다. 5천 년 문화에 대해 그가 보여준 팝 아트적 시각은 실망스러운 수준이다. "만리장성을 보러 갔다. 만리장성에 대해선 오랫동안 워낙 들은 게 많지 않나. 가보니 실제로 대단하더라. 정말, 진짜, 무척 굉장했다."

워홀만의 사적인 세계

1974년에 워홀은 대청소를 단행했다. 지칠 줄 모르는 쇼핑광이던 워홀 때문에 렉싱턴 애비뉴에 있는 5층짜리 집은 거대한 고물상으로 바뀌고 말았다. 공예품과 할인 상품이 대부분 종이 백에 그대로 담긴 채로 집안 곳곳에 잔뜩 쌓여 있어서 워홀은 부엌과 침실만 오가며 살았다. 워홀은 렉싱턴 애비뉴 집을 파는 대신 잡동사니를 그대로 남겨두고 이사를 가버리는 쪽을 택했다. 이스트 66번가East 66th Street에 있는 새 집은 사치스럽고 호화로운 분위기가 물씬 풍겼다. 오피스를 디자인했던 워홀의 애인 제드 존슨은 관심을 워홀의 집 안으로 돌렸다. 제드의 쌍둥이 형제에 따르면 "제드의 디자인 공부는 앤디의 물건을 분류해서 정리하는 데서 출발했다." 그는 동양산 카펫, 프리미티브 회화*, 아르데코 가구 같은 워홀이 가진 가장 훌륭한 물건을 골라내 모든 것을 간결하고 단아하게 꾸민 실내 공간에 배치했다.

* 아이가 그린 것처럼 대단히 소박하고 거친 화풍을 보여주는 회화

워홀은 언제나 집에서 빈둥대며 캔디를 먹고 텔레비전을 보고 친구들과 전화로 수다 떨길 좋아했다. 66번가는 봉인된 성역이었다. 빈센트 프레몬트에 따르면 "극소수의 사람들만이 이 집에 와 본 적이 있었다." 워홀은 제드와 닥스훈트 두 마리와 함께 살았다. 이곳은 정신적 안식처였다. 그래선지 앤디의 침실을 찍은 오래된 사진에는 종교적 성상聖像과 기도서들이 침대 주변에 쌓여 있는 게 보인다.

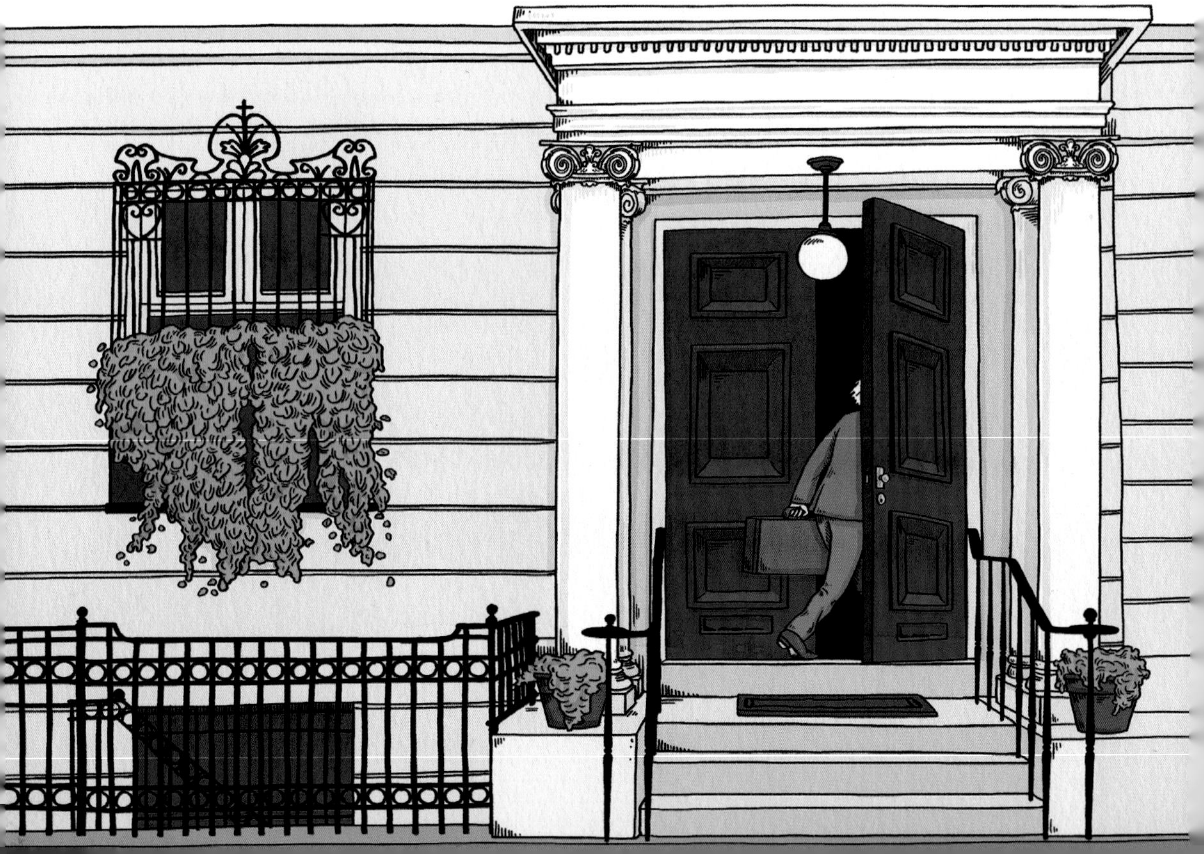

워홀이 말하다

1975년에 워홀은 〈앤디 워홀의 철학The Philosophy of Andy Warhol : From A to B and Back Again〉을 출간했다. 오랫동안 인터뷰마다 '이런'과 '흠'으로 일관했던 앤디는 편집자 팻 해켓에게 도움을 얻어 비로소 입을 열었다. '사랑'으로 시작해서 '속옷 파워'로 끝나는 이 책에서 그는 다양한 주제에 대해 떠든다. 때로 이 책은 앤디가 미스터 빈과 표도르 도스토예프스키의 〈백치〉 사이 어딘가를 헤매고 있어, 읽는 게 고역이 되기도 한다. 책은 그가 거울을 들여다보다 새로 생긴 여드름을 발견하는 것에서 시작해 재밌는 자학을 계속 이어나간다. "그렇게 해서 나는 끔찍한 모습을 하고는 안 어울리는 신발과 바지를 입은 채, 어울리지 않는 친구들과 부적절한 때에 부적절한 것들에 대해 이야기하고, 엉뚱한 사람과 대화를 나눈다…." 그러나 진짜 '바보'처럼 구는 워홀이 보여주는 재기 넘치는 성찰은 예리하다. 사람들이 공간을 점유하는 방식에 대해 말하면서 워홀은 다양한 사람들의 속성을 간파해 각 부류가 가진 행동 특성을 정확하게 묘사한다.

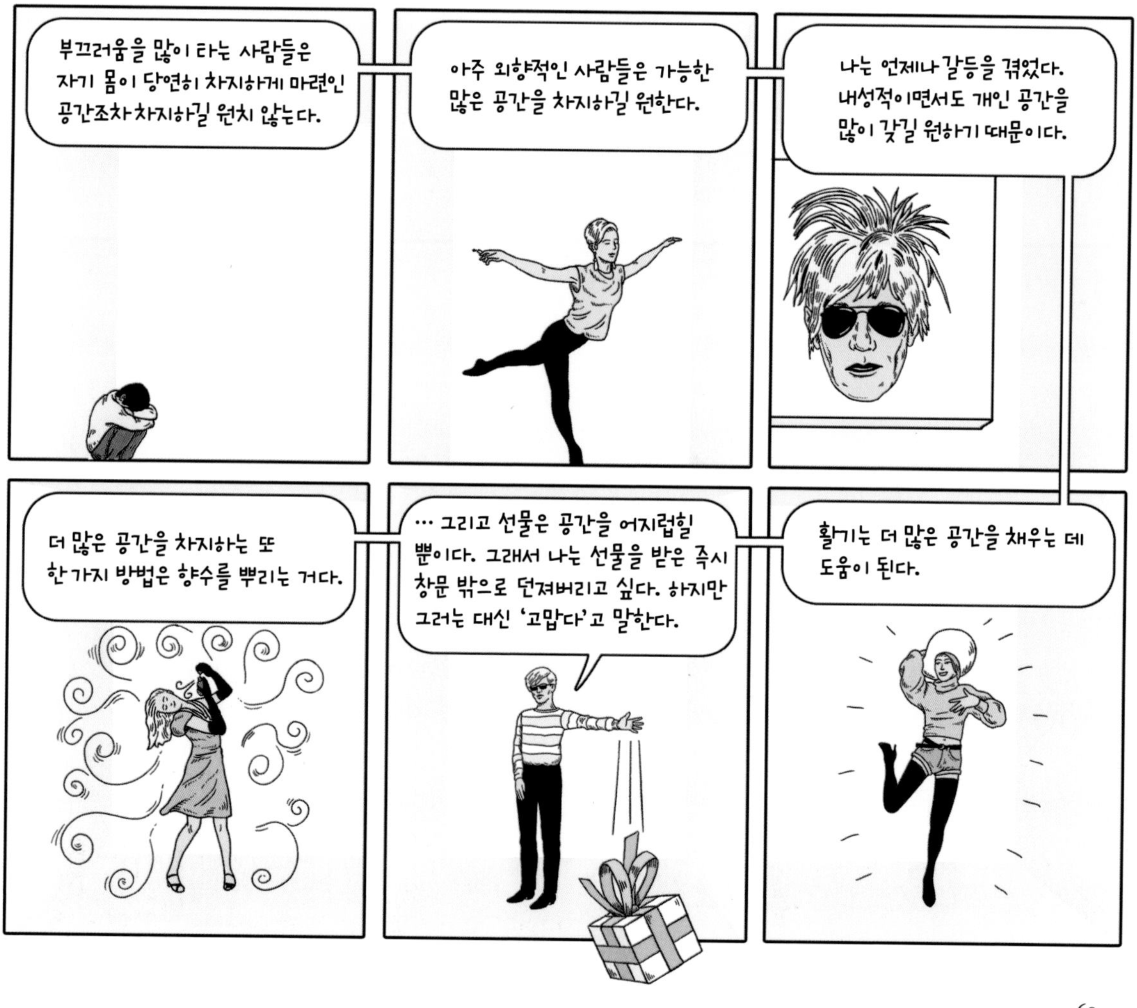

타임캡슐

1974년에 워홀은 타임캡슐을 만들기 시작했다. 그가 한 말에 따르면 대청소 때 짐을 모조리 싸서 판지 상자들에 집어넣을 때 이런 아이디어가 떠올랐다고 한다. 나중에 그는 상자를 더 구입해 잡다한 것들을 정리해서 보관하기 시작했다. 오피스에는 항상 상자 몇 개가 준비되어 있었다. 일반적인 캡슐에는 물건이 200개쯤 들어간다. 그런데 이 중에는 별난 물건도 있다. 존 레논의 일기, 한 기록 보관원에 따르면 '도로에서 차에 치여 죽은 동물 사체처럼 보였다'고 하는 기름때가 낀 워홀의 가발들, 2천 년 된 미라의 발, 심지어 반쯤 먹다 만 피자 조각까지 들어 있었다. 상자 하나가 다 차면 마스킹 테이프로 봉하고 날짜를 적은 다음 창고에 집어넣었다. 1974년에서 1987년 사이에 워홀은 이런 타임캡슐을 612개 만들었고, 모두 현재 피츠버그에 있는 앤디워홀미술관이 소장하고 있다.

* 자색 삼잎국화. 면역력을 높이고 항산화 효과가 있으며 염증과 알레르기, 감기 등에 잘 듣는다고 한다

** 신경안정제

*** 불필요한 것을 버리지 못하거나, 필요가 없는데도 만약을 대비해 끊임없이 저장하는 강박증

워홀은 타임캡슐을 예술작품으로 보고 갤러리에서 팔려고 했다. 미술관 기록보관소에 있는 산업용 금속 선반에 줄지어 늘어선 이 조립식 상자들은 냉정한 미니멀리즘 미학을 보여준다. 단순해 보이는 상자들 안에는 매우 복잡한 인간이 들어 있다. 신경증에 걸린 앤디의 모습이 에키네시아echinacea* 와 발륨** 을 담았던 빈 병, 여드름 치료제와 온도계가 들어 있는 상자에서 드러난다. 44번 상자에서는 워홀이 가진 언론관media mind이 드러난다. 영화 필름, '죽음과 재난' 시리즈를 위한 자료였던 비극적 사건이 머리기사로 실린 신문, 멋진 뒤뷔페 전시회 팸플릿을 포함한 갤러리 초대장, 패션 화보, 그가 제작한 광고물 일부가 들어 있다. 대부분이 유치한 흥미 위주인 기사들과 읽어본 편지들이 있고, 여기서 볼 수 있는 독특한 그래픽과 패션 스타일은 시대를 반영하고 있다.

상자 하나에 얼마나 많은 물건이 들어 있는지 보면, 이 수집 규모가 얼마나 방대한지에 특히 놀랄 수밖에 없다. 압도적인 양을 과시하는 이 기념품들은 미술사가들이 이미 많은 캡슐들을 면밀히 조사해서 분류를 마쳤는데도 불구하고, 그가 죽고 25년 이상이 지난 지금까지도 일부 상자들은 여전히 봉인된 채 남아있을 정도다. 심리치료사들은 강박적인 수집 행위를 일종의 자기 치유 형태라 본다. 즉 무력감, 버림받은 느낌, 고립감을 상쇄해 위안을 얻으려는 충동soothing impulse으로 말이다. 워홀에게는 뿌리 깊은 불안감이 자리하고 있었다. 망각이 두려웠던 지칠 줄 모르는 수집광인 워홀은 자기 삶의 일상적 파편들을 이렇게 저장해놓는다.

1890년에 심리학자 윌리엄 제임스는 수집가에는 다양한 종류가 있다는 설득력 있는 주장을 했다. 워홀은 어떤 종류의 수집가였을까? 렉싱턴 애비뉴에서는 저장 유형***이었다. 타임캡슐들에서 그가 수집에 대해 가진 관점이 변화하는 추이를 읽을 수 있다는 게 흥미롭다. 이런 태도 변화를 가져온 계기는 아마도 피격 사건이나 1972년에 있었던 어머니의 사망이었을지 모른다. 아니면 남자친구가 자기 집과 새로운 현대식 오피스에 가져온 정갈함이 마음에 든 것일 수도 있다. 워홀은 일종의 목록 작성자가 되었다. 모두 똑같이 생긴 구식 판지 상자들은 질서라는 환상을 만들어낸다. 그러나 이것은 내용이 정리되지 않은, 산더미 같은 사적인 기념품을 덮고 있는 외양에 지나지 않는다.

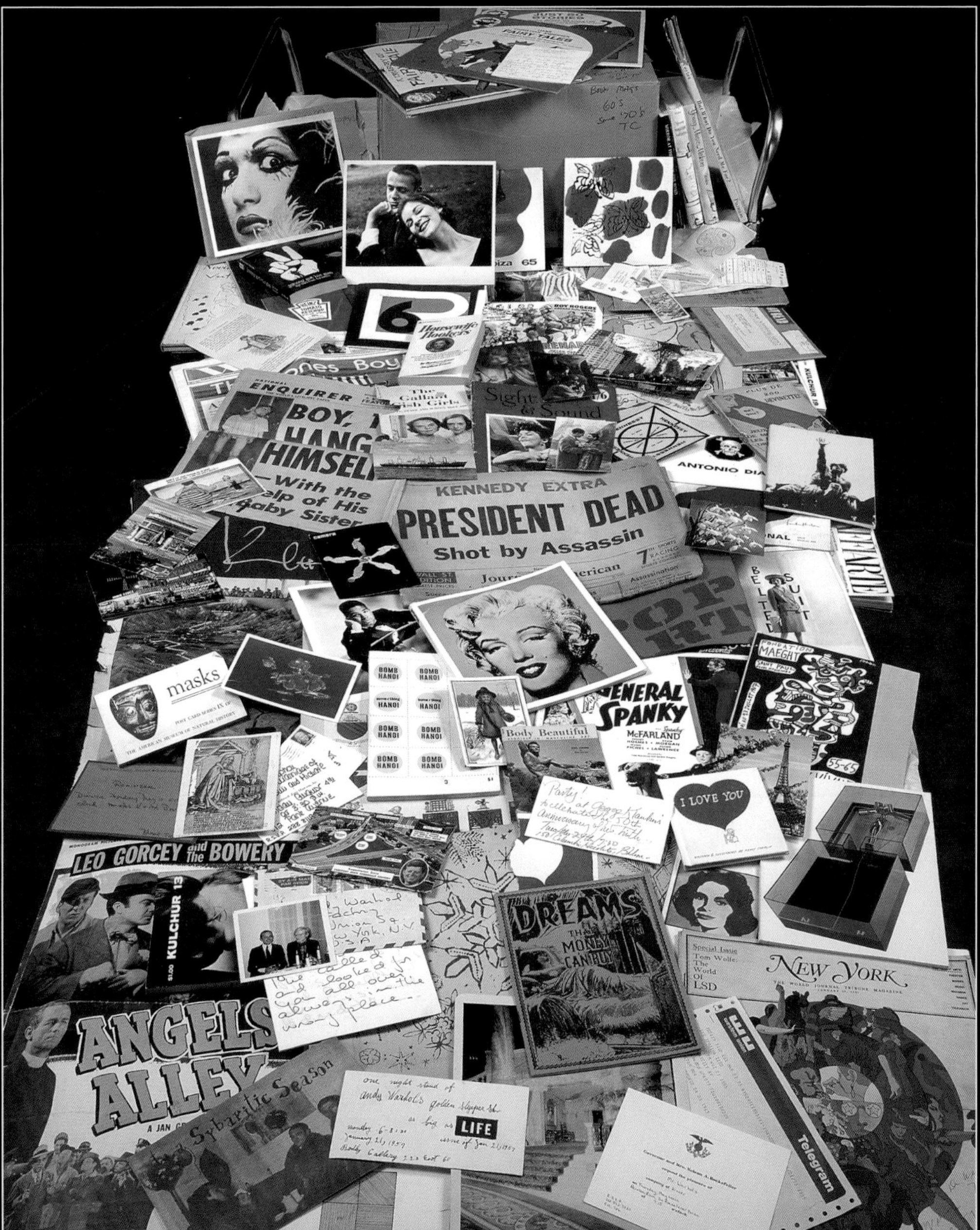

타임캡슐 44

Time Capsule 44

앤디 워홀, 1973년

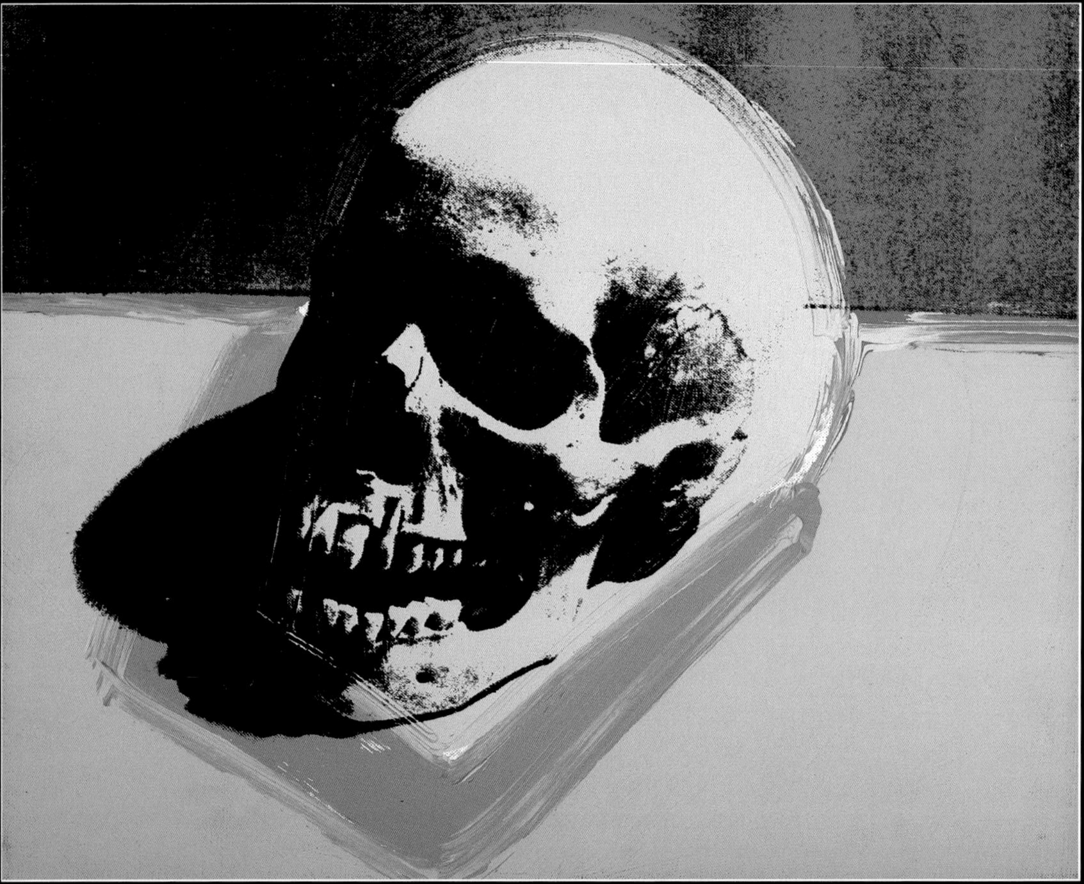

죽음에 대한 재고再考

1960년대에 등장한 '죽음과 재난' 시리즈에서 죽음은 다소 거리가 먼 일로, 모르는 사람들이나 애초에 속세와는 동떨어진 신과 같은 존재인 스타들에게 일어나는 사건이다. 1970년대에 워홀은 죽음이란 주제로 복귀하지만 이번엔 죽음은 불편할 정도로 곁에 바싹 다가와 있다. 워홀은 죽었다 다시 살아났고, 그로 인한 흉터가 남은 몸을 볼 때마다 죽음과 조우했던 경험을 자꾸만 떠올릴 수밖에 없었다. 그는 '인생은 너무나 짧고, 그것도 때로는 너무나 빨리 지나가버린다.'는 씁쓸한 사실을 절감하고 있었다.

섬뜩한 죽음의 무도에 이끌린 워홀은 파리의 유서 깊은 벼룩시장에서 해골을 하나 샀다. 해골은 회화에서 대표적인 '죽음 상징memento mori'으로, 삶이 얼마나 덧없는지를 떠올리게 하는 장치다. 바로 이 해골을 어깨에 얹고 있는 앤디를 찍은 폴라로이드 사진도 있다. 미술사가들은 이런 이미지들이 워홀이 죽음을 면할 수 없는 인간의 운명을 받아들였다는 의미라 주장했지만 나는 동의하지 않는다. 앤디는 죽음을 두려워했다. 그가 죽음에 다가가는 건 오직 저항하기 위해서일 뿐이다. 해골과 함께 찍은 폴라로이드 사진은 워홀의 삶에서 가장 유쾌해 보이는 순간 중 하나였다. 문자 그대로 죽음을 면전에서 대놓고 비웃고 있는데도, 해골은 용케 다정하게 이를 드러내며 웃음으로 화답하고 있다.

워홀은 사진작가 로니 커트론Ronnie Cutrone에게 이 해골을 여러 다른 각도에서 찍어달라고 한 후, 이 중 한 컷을 골라내 '해골' 시리즈 제작에 사용했다. 그가 고른 컷은 으스스한 느낌을 준다. 커트론은 해골이 드리운 그림자가 마치 태아 머리처럼 보이며, 따라서 생명은 시작부터 죽음 바로 곁에 있는 것이라는 데 주목했다. 워홀은 살아 있는 것과 살아 있지 않은 것 간의 대비를 의도적으로 두드러지게 만든다. 해골의 두 뺨과 관자놀이를 뒤덮은 강렬한 그늘은 병으로 수척해져 살이 있던 데가 움푹 꺼진 것을 나타낸다. 그런가하면 서로 충돌하는 현란한 색깔들은 전기 충격 요법shock treatment 처럼 생기를 잃은 것에 왕성한 기운을 다시 불어넣는다. 관람자는 앤디가 젊고 아름다운 사람들과 어울려 신명나는 디스코 음악과 맥동하는 조명 쇼에서 삶의 활력을 찾았던 스튜디오 54에서의 황홀한 밤을 경험한다. 생의 끝자락에 이르러 그는 죽음이라는 피할 수 없는 운명을 일종의 팝 아트적 낙관으로 가려버린다. 그럼 또 왜 안 되겠는가? 죽음이 바로 곁에 도사리고 있는데 말이다.

앤디워홀미술관에는 일단의 해골 실크 스크린들이 나란히 걸려 있다. 캔버스마다 다른 색을 쓴 것에서 에설 스컬 연작 초상화가 떠오르지만 작품에 담긴 의도는 매우 다르다. 이리저리 활발히 움직이며 카메라를 향해 포즈를 취하던 에설은 생기로 가득한 반면, 해골이 반복해서 등장하는 이 시리즈는 조종弔鐘 소리처럼 죽은 자를 위해 나지막이 번갈아 울고 있다.

교회를 좋아한 소년

대체로 워홀은 자기 신앙에 대해 모호한 태도를 취했다. 하느님을 믿느냐는 질문을 받으면 워홀은 이렇게 대답했다. "그런 것 같다. 난 교회가 좋으니까." 실버 팩토리가 쾌락주의의 본산으로 전성기를 누리던 무렵에도 근처 교회에서 워홀을 목격할 수 있었다. 피격 사건 이후 그는 헤븐리 레스트 성공회 교회The Episcopal Church of Heavenly Rest 미사에 나가고, 그곳에서 운영하는 무료 급식소에서 자원봉사자로 일하기 시작했다. 이스트 66번가로 이사한 후 성 빈센트 페러Saint Vincent Ferrer 교회 신도가 된 워홀은 아무도 없는 텅 빈 교회에 혼자 앉아 있길 좋아했다.

워홀의 후기 종교 미술은 간과되는 게 보통이다. 그가 제작한 십자가 시리즈는 이 기독교 상징만 따로 떼어내 조명한다. 평범한 인간이 가진 신앙을 칭송하는 의미에서 그는 동네 기도용품점에서 쉽게 살 수 있고 미사 동안 손에 쥐고 있는 그런 수수한 나무 십자가를 모델로 십자가 이미지를 제작했다.

이 일상적인 아이콘은 7½피트* 짜리 캔버스라는 어마어마한 크기로 확대된다. 분석심리학을 창시한 칼 융은 십자가는 수용과 공동체의 영원한 상징으로 여겨지는 게 보편적이라고 지적한다. 병약한 어린아이이자 실버 팩토리 세계를 말없이 지켜보는 관찰자였던 워홀은 세상 속에서 자기 자리를 찾기 위해 끊임없이 발버둥 쳤던 사람이었다.

* 약 2.29미터

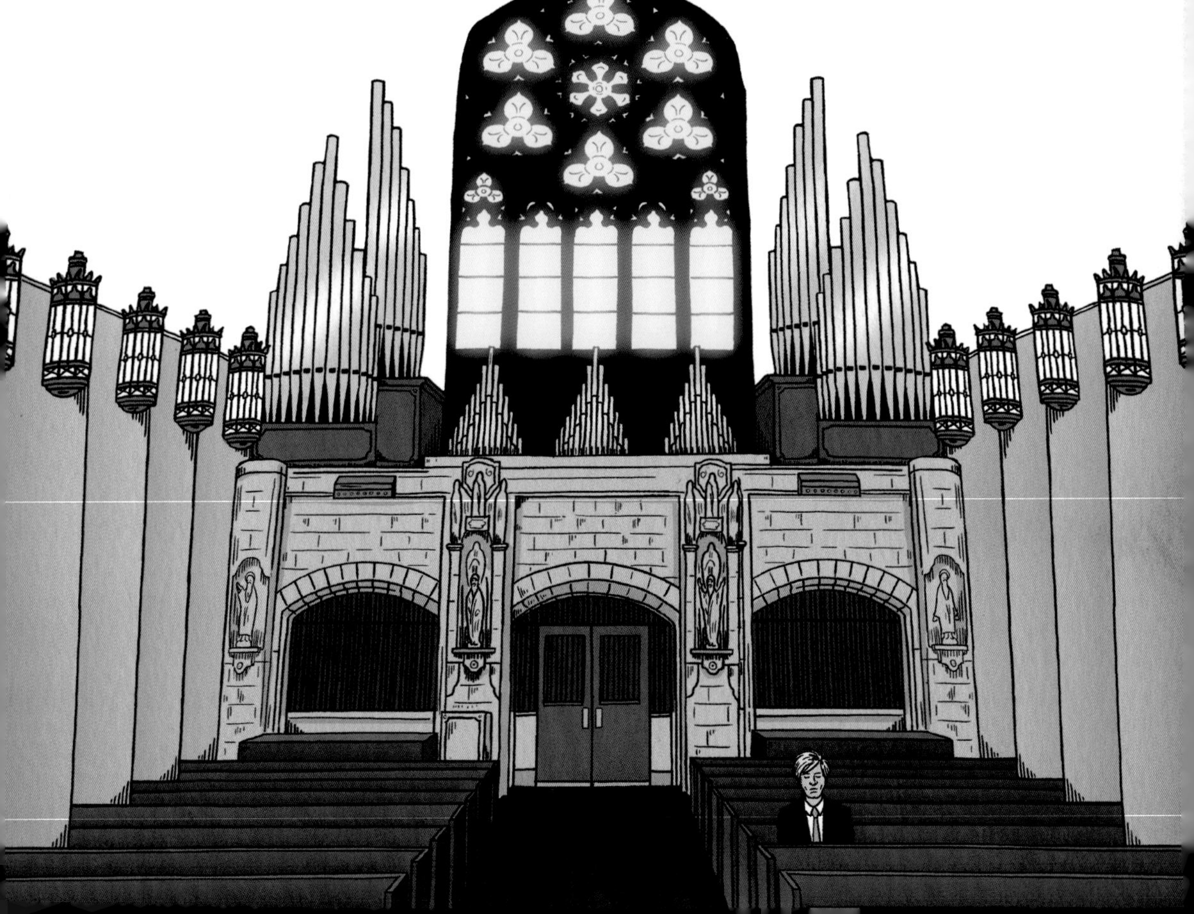

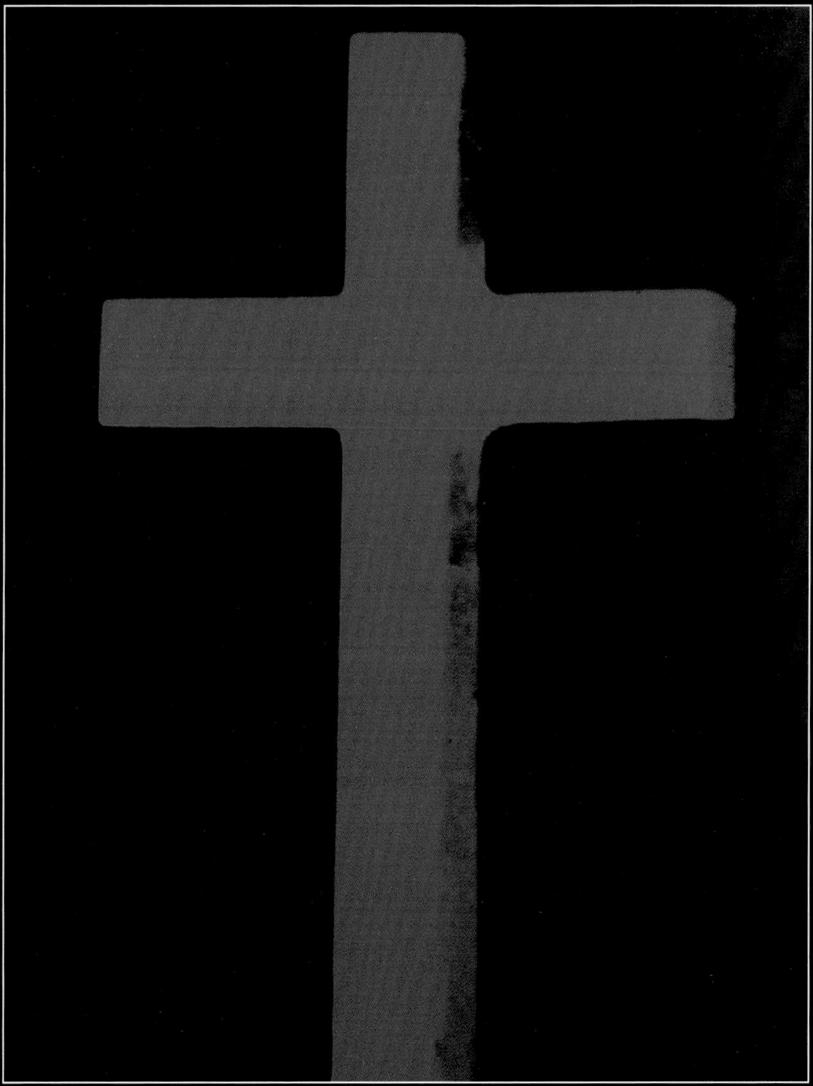

십자가

Cross

앤디 워홀, 1981-82년 경

캔버스에 합성 폴리머 페인트와 실크 스크린 잉크
90 × 70 in (2.28 × 1.77 m)

말년

수 년 간 워홀은 쓸개가 좋지 않았다. 몇 가지 대체요법을 시도했던 그는 비타민을 대량 복용하고, 치유력이 있다는 수정을 주머니에 넣고 다니고, 건강에 좋은 음식을 먹으려고 노력했다. 1987년 초반에는 통증이 아주 심해지기 시작했지만 병원에 가길 거부했다. '다시 입원한다면 다신 돌아오지 못할 것이다. 또 한 번의 수술은 견뎌내지 못할 게 분명하다.'라는 확신 때문이었다. 그는 막 약물 중독 치료를 앞두고 있던 브리짓 베를린Brigid Berlin을 우연히 만났다. 브리짓 베를린은 캔디 앤디에게 함께 초콜릿이나 잔뜩 먹으러 가자고 했지만 캔디 앤디는 통증이 너무 심했던 터라 '도저히 그럴 수가 없었다.'

2월 18일 화요일에 워홀은 극심한 통증을 느꼈다. 그런데도 침대에서 몸을 일으켜 나이트클럽 '터널'에서 열리는 디자이너 고신 사토Kohshin Satoh의 의상 컬렉션 론칭 행사에 참석했다. 이날 밤 행사에는 워홀이 좋아하는 요소들이 총집합한 게 특징이었다. 즉 엘리트 집단과 온갖 황홀한 고급 의상 및 장신구가 등장했고, 워홀 자신이 마일스 데이비스와 함께 파티의 주인공이었으니 말이다. 워홀은 그날 밤을 용케 무사히 넘기고 클럽을 떠났다. 마지막 일기를 보면 그에겐 이날 밤이 꽤 흡족했던 것 같다. 마일스가 입은 옷을 좀 부러워하긴 했지만 말이다. "[그들이] 보내준 옷을 입어보니 내가 꼭 리버라치Liberace, 1919-1987* 처럼 보였다…. 터널에 가니 가장 좋은 탈의실을 내주었다. 그러나 여전히 추워서 죽을 지경이었다. 나는 분장도구 일체를 챙겨갔다. 마일스 데이비스도 왔는데 손가락이 굉장히 섬세했다…. 주최 측은 마일스를 위해 황금 음표들이 달린 5천 달러짜리 맞춤복을 비롯한 모든 것을 준비해 줬지만 내겐 아무 것도 없었다. 못된 사람들 같으니라고…."

통증이 도무지 가라앉지 않자 그는 결국 입원을 했고, 통상적인 쓸개 제거 수술 일정이 잡혔다. 수술 후에 워홀은 안정을 찾은 것처럼 보였고 의료진과 잡담을 나누기도 했다. 다음날 오전 5시 30분에 심각한 심장발작이 일어났다. 의사들이 그를 살리기 위해 갖은 애를 썼지만 이번에는 성공하지 못했다. 2월 22일 일요일 오전 6시 31분에 사망 진단이 내려졌다. 그의 나이 겨우 58세였다. 워홀적 정신에 부합하는 애도가 이어졌다. 그렇게 워홀은 자신의 15분을 충분히 누린 듯했다. 다음날 폴 모리세이는 이렇게 회상했다. "그가 유명했던 것만은 확실했다."

* 미국의 가수이자 피아니스트. 화려하고 사치스러운 생활방식과 번쩍거리는 의상, 쇼맨십으로 유명했다.

호텔 로비에서 사진을 찍고 있는 워홀. 1970년 경

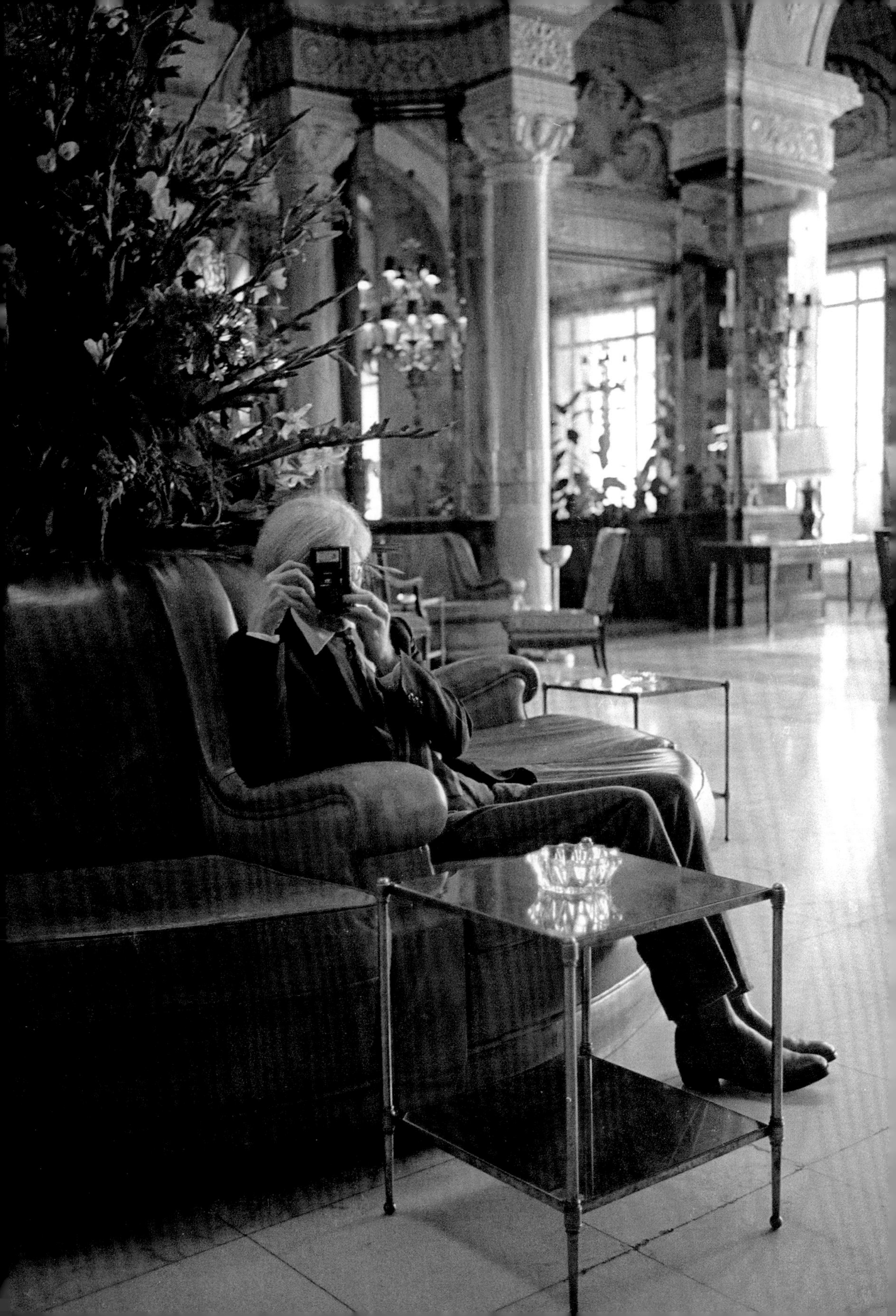

작품 저작권

참고 문헌

'Andy Warhol's Mao', Christie's sales catalogue, 2006.

Angell, Callie. *Andy Warhol Screen Tests: The Films of Andy Warhol Catalogue Raisonné*, Abrams, 2006.

Barthes, Roland. *Camera Lucida: Reflections on Photography*, Vintage, 2000.

Baudrillard, Jean. *The System of Objects*, Verso, 2005.

Beyeler, Ernst, et al. *Andy Warhol: Series and Singles*, Yale University Press, 2000.

Colacello, Bob. *Holy Terror: Andy Warhol Close Up*, HarperCollins, 1990.

Danto, Arthur C. *Andy Warhol*, Yale University Press, 2009.

Dillenberger, Jane Daggett. *The Religious Art of Andy Warhol*, Continuum, 1998.

Galella, Ron. *Warhol by Galella, That's Great!* Monacelli Press, 2008.

Geldzahler, Henry and Robert Rosenblum. *Andy Warhol: Portraits of the Seventies and Eighties*, Thames & Hudson, 1993.

Goldsmith, Kenneth, ed. *I'll Be Your Mirror: The Selected Andy Warhol Interviews*, Carroll & Graf, 2004.

Guiles, Fred Lawrence. *Loner at the Ball: The Life of Andy Warhol*, Black Swan, 1990.

Haden-Guest, Anthony. *The Last Party: Studio 54, Disco, and the Culture of the Night*, William Morris & Company, Inc, 1997.

Hartley, Keith. *Andy Warhol: A Celebration of Life and Death*, National Galleries of Scotland, 2008.

Jung, Carl. *The Archetypes and the Collective Unconscious*, Routledge, 1991.

Koch, Stephen. *Stargazer: Andy Warhol's World and his Films*, Marion Boyars, 1985.

Lasch, Christopher. *The Culture of Narcissism: American Life in an Age of Diminishing Expectations*, W.W. Norton & Company, 1991.

McLuhan, Marshall. *The Medium is the Massage*, Penguin, 1967.

Name, Billy. *All Tomorrow's Parties*, DAP/Frieze, 1997.

Sontag, Susan. *On Photography*, Penguin, 1977.

Stein, Jean. Edie: *An American Biography*, Alfred A. Knopf, 1982.

Ultra Violet, *Famous for 15 Minutes: My Years with Andy Warhol*, Mandarin Press, 1988.

Warhol, Andy. *Andy Warhol: Portraits of the 70s*, Random House, 1980.

Warhol, Andy. *'Giant' Size*, Phaidon, 2009.

Warhol, Andy. *The Philosophy of Andy Warhol: From A to B and Back Again*, Harcourt Brace Jovanovich, 1977.

Warhol, Andy and Pat Hackett. *POPism: The Warhol Sixties*, Harcourt Brace Jovanovich, 1980.

Watson, Steven. *Factory Made: Warhol and the Sixties*, Pantheon Books, 2003.

사랑하는 매튜에게 바친다

이런 정신 나간 기획을 추진해 준 로렌스 킹Laurence King에게 진심으로 감사하며, 창조적 지도편달을 해준 앵거스 하일랜드Angus Hyland에게도 말로 다 표현할 수 없는 고마움을 느낀다. 부단한 도움을 준 조 라이트풋Jo Lightfoot과 사려 깊은 지시와 세심한 편집을 해준 멜리사 대니Melissa Danny, 이토록 멋진 이미지들을 제공해 준 줄리아 럭스턴Julia Ruxton에게 감사를 전한다. 모든 디자인 작업을 맡아 준 제이슨 리베이로Jason Ribeiro와 창조적 기여를 해준 멜라니 뮤스Melanie Mues에게 감사한다. 시작 단계부터 이 기획을 지원해 준 앤드류 레이Andrew Rae에게 정말 감사드린다. 또한 기획 초기 단계에 격려와 지원을 베풀어 준 사라 로베타Sara Roveta는 물론, 아낌없는 제안을 해준 조 마쉬Jo Marsh에게도 매우 감사드린다.

오랫동안 응원해 주신 엄마와 아빠께도 고맙다는 말씀을 전하고 싶다. 이토록 즐거운 시간을 보내게 해준 룰루Lulu와 샘Sam에게도 감사한다.

캐서린 잉그램, 2013년

글 **캐서린 잉그램**Catherine Ingram

캐서린은 프리랜서 미술사가이다. 글래스고 대학교(Glasgow University)에서 1등급 우등 학위(First Class Honours degree)로 졸업했으며 재학 중에는 허니맨 장학금을 받았다. 코톨드 미술 연구소(Courtauld Institute of Art)에서 19세기 미술 전공으로 석사 학위를 받은 캐서린은 옥스퍼드 대학교 트리니티 칼리지(Trinity College) 대학원 장학생이 되었다. 박사 학위를 취득한 후에는 옥스퍼드 대학교 모들린 칼리지(Magdalen College)에서 성적 우수자 장학생(Prize Fellow)이 되었다. 캐서린은 크리스티 교육원(Christie's Education)에서 석사과정을 지도했고, 임페리얼 칼리지(Imperial College)에서 강의를 맡아 학부 이과생들에게 미술사를 가르쳤다. 테이트 갤러리(Tate Gallery)에서 강좌들을 진행하기도 했고 사우스 런던 갤러리(South London Gallery)에서 개인 비서를 맡기도 했다. 가족과 함께 런던에 살고 있다.

일러스트레이션 **앤드류 레이**Andrew Rae

앤드류는 일러스트레이터이자 일러스트레이션 공동 제작소 핍쇼(Peepshow)의 일원이다. 브라이튼 대학교(Brighton University)를 나왔으며, 광고, 인쇄, 출판, 애니메이션 분야에서 전 세계의 많은 고객을 위해 일했다. 현재 런던에 거주하며 일하고 있다.

옮긴이 **유지연**

서강대학교 사학과를 졸업하고 동대학원에서 종교학을 전공했으며, 옮긴 책으로 《지그재그, 창의력은 어떻게 단련되는가》, 《국제정치이론과 좀비》, 《워런 버핏이 말하는 워런 버핏》, 《당신은 구글에서 일할 만큼 똑똑한가?》, 《살고 싶은 북유럽의 집》, 《유혹하는 심리학》, 《협상과 흥정의 기술》, 《150세 시대》 등이 있다.